KB219003

신자유주의와 인간성 파괴

THE CORROSION OF CHARACTER :
The Personal Consequences of Work in the New Capitalism
Copyright © 1998 by Richard Sennett

Korean Translation Copyright © 2001, 2021 by Moonye Publishing Co., Ltd.
Korean edition is published by arrangement with Janklow & Nesbit Associates through Imprima Korea Agency.

이 책의 한국어판 저작권은 Imprima Korea Agency를 통해
Janklow & Nesbit Associates와의 독점 계약으로 문예출판사에 있습니다.
한국 내에서 보호받는 저작물이므로 무단 전재와 무단 복제를 금합니다.

리처드 세넷
조용 옮김

the CORROSION of CHARACTER

신자유주의와 인간성 파괴

문예출판사

이사야 벌린을 추억하며

차례

일러두기

본문의 각주는 옮긴이 주, 미주는 원주다.

본문에 인용된 도서 중 한국어 번역본이 있는 경우 원서명을 병기하지 않고 한국어 제목만 표기했다.

서문

자본가라든가 노동자라는 용어에 비해 '자본주의'라는 개념은 그 역사가 깊지 않다. 이 용어는 19세기에 와서 특정 경제 시스템을 지칭하기 위해 처음 등장했다. 놀랍게도 '노동자를 부리는 자본가'라는 말은 영국 작가 새뮤얼 테일러 콜리지가 1823년에 발표한《식탁에서의 대화*Tabletalk*》에서 처음 쓰였다. 이러한 생각을 한 세대 후에 카를 마르크스가 생산 수단, 임금, 계급 투쟁이라는 개념들을 사용하여 구체화하였고, 1880년에 이르러서야 비로소 독일 사회주의자들이 '자본주의'라는 말을 사용하기 시작했다. 이로써 그 체계적인 의미가 확실하게 성립되었다.

오늘날에는 자본주의의 대상뿐만 아니라 자본주의라는 개념 자체가 의미상 큰 변화를 겪고 있다. 왜냐하면 자본주의라는 개념이 묘사하는 시스템이 최근에 근본적으로 변화했기 때문이다. 마르크스주의자들은 콜리지가 '산업 자본주의'라고 정의한 자본주의 개념을 수정하려고 했다. 콜리지는 자본주의를 단순히 자본가들이 '노동자를 부리고 기계에 명령한다'는 의미로 정의했기 때문이다. 사실 이러한 정의는 18세기 후반에서 19세기 중반에 이르는 상황 속에서는 타당하다고 할 수 있다. 그러나 그 후의 '탈산업 자본주의'는 자본가들이 기계만이 아니라 기술적 지식이나 커뮤니케이션까지도 지배하는 상태라고 할 수 있다. '국가 자본주의'는 생산 수단에 대한 국가적 통제를 수반하는데, 이러한 통제야말로 20세기 말까지 지구상의 많은 지역에서 대파국을 불러일으킨 원인이라고 비판받아왔다.*

오늘날 '유연한 자본주의**'라는 어구는 단순히 말의 배열을 바꾼 것 이상의 완전히 새로운 시스템을 의미한다. 이 어구의 강조점은 유연성에 있다. 맹목적 일상의 폐해와 마찬가지로 경직된 관료주의 체제도 유연한 자본주의의 공격 대상이다.

노동자들은 이제 눈치 빠르게 처신해야 하고, 느닷없이 다가오는

* 서문의 이 부분은 원래 영어판(1998)에는 없는 내용이다. 2000년에 나온 독일어판에 추가된 부분으로 독자의 이해를 돕기 위해 삽입했다.

** 첨단 정보 통신 기술의 비약적 발전과 노동 생산성의 지속적 증가 덕분에 초장기 호황을 구가한 미국의 '신경제new economy' 또는 '신자본주의new capitalism'의 새로운 노동 형태를 강조한 개념. 일정한 근무 시간과 근무 장소를 요구하는 기존의 정형화된 근무 제도에서 탈피해 생산성을 높이고 조직에 유연성을 부여한다는 데서 유래했다. 자유 출퇴근제, 재택근무제, 집중 근무제, 일자리 공유제, 한시적 시간 근무제 등 다양한 방식이 있다. 이렇게 되면 기업주 입장에선 신규 채용과 해고를 더욱 손쉽게 할 수 있다. IMF 사태 이후 회자된 '노동 시장의 유연성'이라는 말도 같은 맥락이다.

변화도 능숙하게 받아들여야 한다. 또 계속해서 위험을 무릅쓰고 도전하지 않으면 안 되며, 규정과 공식 절차에 대한 의존도도 줄여야 한다.

이처럼 유연성을 강조한 결과, 일의 의미도 바뀌고 있다. 예컨대 'career직업'라는 단어는 영어 어원상으로는 마차가 다니는 길이라는 뜻이었다. 노동에서는 평생 한 우물만 판다는 의미로 쓰였다. 그러나 유연한 자본주의는 어느 날 갑자기 노동자들을 한 직장에서 다른 직장으로 내몰면서 원래 일직선이던 'career'의 길을 막아버렸다.

14세기 영어에서 'job일자리'이라는 단어는 짐수레로 실어 나를 수 있는 한 덩어리나 한 조각의 물건을 의미했다. 유연성은 'job'의 이 고색창연한 뜻을 되살리고 있다. 사람들은 평생 여러 가지 단편적, 부분적인 일을 하기 때문이다.

유연성이 걱정을 낳는 것은 지극히 당연하다. 사람들은 어떤 위험이 닥칠지, 어떤 길을 추구해야 할지 모른다. '자본주의 체제'라는 말의 부정적 어감을 덜기 위해 '자유 기업 체제'나 '민간 기업 체제' 같은 완곡어법이 많이 개발됐다. 요즘엔 유연성이라는 말이 이 자본주의에서 억압의 냄새를 없애는 또 다른 방편으로 이용되고 있다. 유연성이 경직된 관료주의 체제를 공격하고 모험의 가치를 부각하자, 마치 유연성이 사람들에게 인생의 자유도 더욱 많이 주는 듯한 착각을 불러일으키는 것이다.

사실 새로운 질서는 단순히 과거의 규제를 철폐하기보다 오히려 새로운 통제를 만들어낸다. 단지 이 새로운 통제를 이해하기 쉽지 않을 뿐이다. 신자본주의는 좀처럼 납득하기 어려운 권력 제도다.

유연성의 가장 혼란스러운 측면은 개인의 인간성에 미치는 영향이다. 과거의 영어 사용자, 특히 영어권 작가는 'character인간성'의 뜻에 조금도 의문을 갖지 않았다. 즉, 'character'는 타인과의 관계와 자기 자신의 욕구 등을 존중하는 윤리적 가치를 의미했다. 호라티우스는 일찍이 개인의 인간성은 그와 세계의 관계에 따라 결정된다고 갈파한 바 있다. 이 점에서 'character'는 근세 들어 생긴 비슷한 뜻의 'personality'보다 더 포괄적인 용어라고 할 수 있다.

특히 인간성은 사람의 정서적 경험 중 주로 장기적 측면과 관련된 것이다. 즉, 인간성은 상대방을 신실하고 헌신적으로 대하고, 장기적 목표를 추구하며, 장래의 목적을 달성하기 위해 현재의 만족을 포기하는 것 등으로 표현된다.

사람은 특정 순간의 감정 혼란에서 평소의 감정을 보호하고 평상심을 유지하려 한다. 이같이 지속 가능한 감정이야말로 인간성에 도움이 된다. 이처럼 인간성은 사람이 스스로 존중하고 다른 사람의 존중을 받고자 하는 개인적 특성에 관한 것이다.

그렇다면 온통 즉각적인 이해관계에만 혈안이 된 이 조급증 사회에서 자기 내면의 영속적 가치는 어떻게 정하는가. 또 온통 단기 목표에만 치중하는 이 조급증 경제에서 어떻게 하면 장기 목표를 추구할 수 있는가. 또 끊임없이 분열되고 재조정되는 이 명 짧은 조직에서 어떻게 하면 상호 신뢰와 헌신성을 유지할 수 있는가. 이 질문들이 바로 유연한 자본주의가 제기하는 인간성의 문제다.

1970년대 초 조너선 코브와 나는 미국의 노동 계급을 분석한 《계급의 숨은 상처》를 출간한 바 있다. 지난번과 마찬가지로, 나는 이 책에서도 급변하는 경제에서 일과 인간성의 문제를 주제로 택했다.

이 책은 당초 단행본보다는 한 편의 논문으로 준비했던 것이다. 《계급의 숨은 상처》에서는 공식적인 인터뷰에 의존했다. 그러나 이 책에서는 에세이형 논문이라는 당초 성격에 걸맞게 경제 자료, 역사 설명, 사회 이론 등의 잡다하고 비공식적인 출처를 보다 많이 활용했다. 나는 또한 인류학자처럼 내 주변의 일상사를 탐구하기도 했다.

우선 이 책에 관해 두 가지를 지적해야겠다. 이 책에서는 철학적 개념을 개인의 구체적 경험에 적용하거나 그에 비춰 검증하는 방식을 자주 썼다. 이 점에 관해서는 독자에게 구구히 변명하지 않겠다. 개념은 구체적 경험의 무게를 감당해야 하며, 그렇지 않으면 단순히 추상적 관념에 그친다.

둘째, 가명을 쓰거나 시간과 장소를 바꾸거나 여러 사람 이야기를 한 사람 이야기로 합치거나 반대로 한 사람 얘기를 여러 사람 이야기로 나누는 등의 방법으로 공식 인터뷰 때보다는 훨씬 철저히 개인의 신원을 보호했다. 이는 전적으로 독자의 신뢰를 전제로 하는 것이지만 소설가가 잘 꾸민 픽션으로 독자의 신뢰를 얻으려는 것과는 차원이 다르다는 점을 밝혀둔다. 왜냐하면 (픽션에 나오는) 그같이 정연한 일관성은 실제 생활에는 거의 존재하지 않기 때문이다. 나로서는 주변 정황은 그렇다손 치더라도 최소한 직접 들은 내용만큼은 그 뜻을 정확히 반영하고자 했다.

이 책의 본문 끝부분에 나오는 통계표를 보면 최근 경제 추세를 이해하는 데 도움이 될 것이다. 이 표는 아르투로 산체스와 공동으로 작업했다.

30년 전 나는 공저자인 코브에게서 일에 관해 참으로 많은 걸 배웠다. 내가 다시 이 주제에 관심을 가진 것은 개릭 어틀리의 권유 덕분이었으며 이 주제를 추진하는 과정에서는 베넷 해리슨, 크리스토퍼 젱크스, 사스키아 사센 등의 도움을 받았다. 이 원고는 이들의 현대 경제 분석과 문제점 발견을 바탕으로 여기에 일부 개인적 의미를 부여한 것이다. 항상 옆에서 시의적절한 지적을 아끼지 않고 연구와 저술에 따르는 잡다한 실무를 도맡아 처리해준 대학원생 조교 마이클 래스코위에게도 큰 빚을 졌다는 점을 밝혀둔다.

이 원고는 당초 지난 1996년 영국 케임브리지대학교에서 행한 다윈 기념 강연의 원고로 준비한 것이다. 행태 과학 고등 연구소 생활 중 나는 이 원고를 책으로 정리할 시간을 얻었다.

끝으로 원고 정리와 편집의 수고를 담당해준 W. W. 노튼 앤드 컴퍼니의 도널드 램과 앨레인 메이슨, 독일 베를린 출판사의 아눌프 콘라디와 엘리자베스 루거에게도 지면을 빌려 감사의 말씀을 드린다.

| 표류 | 신자유주의적 노동에 공격받는 인간성

지난 15년 동안 연락이 끊긴 사람과 최근 공항에서 우연히 만났다. 지금부터 그를 리코라고 부르겠다. 나는 1970년대 초 그의 부친 엔리코를 인터뷰해서 미국 블루칼라 노동자의 실상을 다룬 책 《계급의 숨은 상처》를 쓴 적이 있다.

시내 중심가 오피스 빌딩의 관리인이었던 엔리코는 당시 막 사춘기에 접어든, 똑똑하고 운동도 잘하는 아들 리코에게 자못 큰 기대를 걸고 있었다. 그로부터 10여 년 뒤 엔리코와 마지막으로 연락을 주고받았을 때, 리코가 막 졸업했다는 소식을 들었다.

공항 대합실에서 만난 리코는 아버지의 꿈을 실현한 듯 보였다. 노트북이 든 세련된 가죽 가방을 맨 그는 대학교수인 나는 엄두도 못 낼 고급 양복 차림에 장식을 단 인장 반지*를 끼고 있었다.

* 명문가 출신이 신분을 과시하기 위해 주로 이름의 머리글자를 도장처럼 새긴 반지

반면 엔리코는 나와 처음 만난 자리에서 자신은 20년을 하루같이 빌딩 화장실을 청소하고 복도를 걸레질했다고 했다. 그는 불평 한마디 없이 궂은 일을 도맡아 했다. 그렇다고 해서 그가 아메리칸드림을 실현하겠다는 거창한 포부를 갖고 있던 것도 아니었다. 그는 단지 가족의 생계를 책임진다는 시종일관 단 한 가지 목적을 위해 중노동을 감수하고 있었다.

그는 먹을 것 안 먹고 입을 것 안 입으면서 악착같이 돈을 모아서 15년 만에 보스턴 인근에 집 한 채를 장만했다. 그가 굳이 교외 지역을 택한 것은 다름 아닌 자식 교육에 좋다는 이유 때문이었다. 그는 이를 계기로 예전에 살던 이탈리아계 이민자 사회를 떠났다.

당시 그의 아내 플라비아는 드라이클리닝 세탁 공장에서 직공으로 일했다. 이들 부부는 두 아들을 대학에 보내기 위해 진작부터 저금하고 있었다.

엔리코와 그의 세대에게 가장 인상 깊었던 것은 날마다 거의 똑같은 일을 평생 계속한 그들의 규칙적이고 단선적인 생활 태도였다. 그처럼 단조로운 세월을 보내면 인생의 성과가 차곡차곡 쌓이게 마련이다. 엔리코와 플라비아는 통장의 예금 잔고가 늘어나는 것을 매주 점검하면서 여러 차례 집을 증축하고 가구를 새로 들일 때마다 가정의 소중함을 새삼 확인했다.

당시는 1930년대 대공황과 1940년대 제2차 세계대전의 격동이 이미 사라진 상태였다. 게다가 노동조합이 이들의 일자리를 지켜줬다. 엔리코는 나와 처음 만났을 때 마흔밖에 안 됐지만 벌써 자신이 언제쯤 은퇴하고 그때까지 돈은 어느 정도 벌 수 있을지 정확히 예축하고 있었다.

시간은 사회의 밑바닥 계층 사람들도 마음껏 쓸 수 있는 유일한 자원이다. 엔리코가 세월을 축적해두는 데는 독일의 사회학자 막스 베버가 '쇠창살 우리'라고 명명한, 일생의 시간 이용을 철저히 통제하는 구조가 필요했다.

엔리코에게는 그가 속한 노조의 연공 서열 임금 기준과 그가 가입한 정부 연금을 규정하는 법규가 이 통제 구조의 발판이 됐다. 그에겐 물질적, 정신적으로 차곡차곡 쌓인 자신의 분명한 인생 스토리가 있었다. 따라서 그의 인생은 어쨌든 하나의 수미일관한 스토리로서 스스로에게는 의미가 깊었다.

출세 지상주의자들은 엔리코의 일생을 따분하다고 폄하할지 몰라도 그 자신은 나름대로 한 땀 한 땀 역동적 세월을 보냈다. 그는 자신이 바로 자기 인생의 작가라고 느꼈다. 비록 사회적으로 하류 계층에 속했지만 이 같은 인생 스토리 덕분에 자긍심을 잃지 않았다.

엔리코의 일생은 분명하긴 했지만 간단하지는 않았다. 내가 특히 깊은 인상을 받은 대목은 엔리코의 '양다리 걸치기'식 생활 태도였다. 그는 과거 살던 이탈리아계 이민 사회와 새로 이사 간 교외 지역의 서로 다른 두 세계에서 이중생활의 배역을 완벽하게 소화해내고 있었다.

교외의 이웃들과 함께 있을 때, 그는 자신을 드러내지 않는 조용한 시민이었다. 그러나 옛 이웃들이 사는 곳으로 돌아오면 그는 외지에 나가 성공한 사람, 즉 일요일마다 이민자 마을 성당 미사에 참석한 뒤 마을 사람들과 점심 식사를 함께하고 담소를 나누는 훌륭한 어른으로 주변의 눈길을 끌었다.

그를 오래전부터 잘 알고 그의 인생 스토리를 이해하는 사람들은 그를 자수성가한 사람으로 인정해줬다. 반면 그의 새 이웃들은 그를 자신들과 마찬가지로 집과 정원을 말끔히 가꾸면서 말썽 없이 조용히 사는 평범한 사람 정도로 보고 말 없는 존경을 보낼 뿐이었다. 엔리코의 인생 심층 구조를 이해할 수 있는 열쇠는 그가 두 세계 어느 쪽에 있건 한결같이 규율 바르게 자신의 시간을 이용하는 사람으로 인정받고 있었다는 사실이다.

세상이 즐겁고 올바른 곳이라면 세상의 존경을 받는 사람은 세상을 향해 그만큼의 존경을 되돌려줄 것이다. 이는 피히테가 '국가법의 기초'라고 주장한 '인정의 상호 효과'라는 개념이다. 그러나 실제 인생은 그렇게 너그러운 것만은 아니다.

엔리코는 흑인 동료들과 수년간 아무 일 없이 함께 일했지만 내심 흑인을 싫어했다. 자신의 부친도 영어를 거의 할 줄 모르는 이탈리아 출신 이민자였지만 그는 아일랜드계 같은 비非이탈리아계 이민자들도 좋아하지 않았다.

그는 친척들 사이에 분쟁을 빚는 것을 용납할 수 없었다. 그렇다고 계급적 동류의식이 있었던 것도 아니었다. 무엇보다도 그는 중산층을 혐오했다. 그는 언젠가 나 같은 중산층들은 빌딩 관리인인 자신 같은 사람은 안중에도 없다는 듯이 무시한다고 말한 적이 있다. 그의 분노에는 배우지 못했고 하찮은 머슴 일을 한다는 콤플렉스에다 중산층들이 등 뒤에서 자신을 손가락질하는 게 아니냐는 두려움이 뒤얽혀 있었다. 그는 자기 연민에 불평불만을 입에 달고 사는 흑인들, 정당하지 못한 방법으로 새치기하는 이민자들, 순전히 부모를 잘 만나 물려받은 특권으로 으스대는 부르주아들과 오랜 세월 모든 걸 꾹 참고 살아온 자신을 대비했던 것이다.

엔리코는 자신도 사회적으로 어느 정도 체면은 세웠다고 자부하면서도 아들인 리코가 자신과 같은 인생을 사는 것은 결코 원치 않았다. 아들이 신분 상승의 아메리칸드림을 이뤄야 한다는 생각에 온통 정신이 팔려 있었다. 리코가 집에 돌아와 수학 공부를 할 때면 엔리코는 흐뭇한 표정으로 내게 "얘가 하는 말은 한마디도 못 알아듣겠어요"라고 자랑삼아 말하곤 했다. 당시 리코 또래의 아들딸을 둔 부모들이 한숨을 쉬며 마치 자식이 자신들을 버리고 떠났다는 듯이 "얘 말은 못 알아듣겠어요" 하던 것과는 달랐다.

사람은 살다 보면 가정이라는 신화 속에서 자신에게 배정된 자리를 지키지 못하고 다른 곳으로 가게 마련이다. 특히 신분 상승은 그 과정을 묘하게 꼬이게 만든다. 사회의 신분 사다리를 타고 올라간 리코와 또래의 젊은이들은 때때로 부모들의 노동자 말씨와 거친 매너를 부끄럽게 생각했고, 더구나 단돈 몇 센트를 놓고도 끊임없이 세밀한 계획을 짜고 하찮은 일에도 꼼꼼하게 시간 계산을 하는 부모들의 생활 태도에 질식할 것 같은 답답함을 느꼈다. 이처럼 과보호 속에 자란 아이들은 한결같이 부모 곁에서 벗어나 속박받지 않는 여행을 떠나고 싶어 했다.

그런데 그 후 오랜 세월이 흐른 지금 이 공항 국제선 대합실에서 우연이 엔리코의 아들을 만난 덕에 그가 어떻게 됐는지 알아볼 기회를 얻은 것이다. 솔직히 말해서 리코의 첫인상은 그리 유쾌하지 않았다. 리코의 고급 양복은 사업상 필요 때문에 그럴 수 있다손 치더라도 명문가 출신임을 표시하는 인장 반지는 자신의 아버지를 배신하고 거짓말하는 것처럼 느껴졌다.

그러나 어쨌든 리코와 나는 뉴욕에서 오스트리아 빈까지 가는 긴 여행을 함께해야 했다. 당시 우리 두 사람은 낯선 사람에게 자신의 속내를 털어놓고 이야기하다가 비행기가 목적지에 도착하면 언제 그랬냐는 듯이 서로 짐을 챙겨 헤어지면 그뿐인 그런 여행을 하는 것은 아니었다. 나는 무턱대고 리코의 옆자리에 앉아서 비행기가 이륙한 뒤 처음 한 시간 동안 이것저것 꼬치꼬치 캐물었다.

리코는 아버지의 신분 상승에 대한 기대는 충족시켰지만 아버지 같은 생활 방식은 거부했다. 그는 시류에 몸을 맡기고 세월을 축내거나 관료주의의 갑옷을 껴입은 사람을 경멸한다. 대신 변화를 능동적으로 받아들이고 위험을 무릅쓰며 도전하는 삶을 높이 평가한다.

그리고 그는 성공했다. 아버지는 임금 기준으로 소득이 하위 25퍼센트에 속했지만 그는 상위 5퍼센트까지 올라갔다.

리코는 지방 대학 전기 공학과를 졸업한 뒤 뉴욕의 한 경영 대학원에 진학했다. 그곳에서 개신교 양갓집 출신의 동기생과 결혼했다. 학창 시절 이 젊은 커플은 앞으로 잦은 이사와 전직에 대비해 마음의 준비를 단단히 했다. 실제로 리코는 졸업 후 14년 동안의 직장 생활 중 네 차례 이사를 했다.

그는 실리콘 밸리 컴퓨터 산업이 눈부시게 번창하던 초창기에 서부 태평양 연안의 한 벤처 회사의 기술 자문역으로 사회생활을 시작했다. 그러고 나서 시카고에 있는 다른 직장으로 옮겼는데 그곳에서도 잘나갔다. 그러나 그다음 번 이사는 순전히 아내 재닛의 직장 때문이었다. 리코가 발자크의 소설에 나오는 야망에 불타는 주인공이었다면 결코 첨단 기술의 온상인 전 직장을 떠나 월급도 많지 않고 게다가 미주리주의 외진 곳에 있는 회사로 옮기진 않았을 것이다.

엔리코는 아내인 플라비아가 직장에 다니는 것을 다소 부끄럽게 생각했다. 반면 리코는 재닛을 일에 관한 한 동등한 파트너로 여기고, 아내의 일에 자신의 일을 맞춰나갔다. 하필 재닛이 직장 생활을 본격적으로 하려 할 때쯤 첫 아이가 생겼다.

그는 미주리주의 그 회사에서 결국 '신경제의 불확실성'의 덫에 걸리고 말았다. 재닛이 승진하는 사이 그는 거꾸로 구조 조정의 희생자가 됐다. 그의 회사가 대기업에 인수됐는데, 그 대기업에는 그와 같은 일을 하는 애널리스트가 여러 명 있었던 것이다. 그 뒤 부부는 뉴욕 인근 교외 지역으로 네 번째 이사를 갔다. 재닛은 현재 상당수 경리 직원을 관리하는 팀의 책임자로 일하고, 리코는 조그만 컨설팅 회사를 운영한다.

서로 밀어주고 끌어주는 금실 좋은 부부의 전형으로서 이들은 물질적으로는 성공했지만 가끔 자신들의 인생에 대한 통제력을 상실하는 게 아니냐는 두려움에 사로잡혔다. 이 같은 두려움은 이들의 직장 생활 이력에 그대로 배어 있다.

리코에게 통제력 상실의 두려움은 더 직접적이다. 리코가 전 직장 동료들에게 독립해서 컨설팅 회사를 창업할 계획이라고 말했을 때 동료 대부분이 잘 생각했다며 격려를 아끼지 않았다. 그때만 해도 컨설팅업이야말로 독립으로 가는 지름길이라고만 생각한 것이다.

그러나 막상 회사를 차려 사실상 혼자 업무를 시작한 직후에 미처 예상치 못한 고민거리들이 생겼다. 직장에 다닐 때는 다른 사람이 대신 해주는 것을 당연하게 여겼던 복사 같은 잡일을 모두 스스로 처리해야 했다. 잡일은 왜 그리 많은지. 게다가 인간관계를 유지, 관리하는 것도 보통 일이 아니었다. 걸려 오는 전화를 모두 직접 받는 것은 물론이고 부재중에 온 전화에도 일일이 콜백을 해줘야 했으며, 사소한 인연이나 안면도 최대한 활용해 아는 체를 해야 했다.

일감을 따내기 위해 그는 다소 비굴하다는 생각이 들 정도로 고객들의 스케줄에 자신을 맞춰나가야 했다. 안 그러면 고객들이 그에게 용역을 줄 리 없기 때문에 어쩔 수 없었다. 물론 그도 사전에 업무계획을 규정한 계약서대로만 일하고 싶은 생각이 굴뚝 같았다. 그러나 컨설팅 계약서라는 것은 고객의 변덕 앞에선 종이쪽지에 불과했다. 컨설턴트들은 고객의 생각이 변하는 대로 이리저리 왔다 갔다 하기 일쑤였다. 그래도 불평 한마디 할 수 없었다. 결국 그에게는 다른 사람들에게 '이 일은 제가 책임지고 하는 일입니다'라고 자신 있게 말할 수 있는 고정적 역할이 없어졌다.

재닛의 통제력 상실은 더욱 미묘하다. 그녀가 관리하는 경리 직원들은 근무 형태가 제각각이다. 본사 사무실에 정식 출근하는 경우도 있지만 재택근무하는 경우도 있고, 수천 마일 떨어진 지사에서 단순 노동을 하는 경우도 있다. 이들은 모두 컴퓨터망으로 재닛에게 연결되어 있다.

그녀가 다니는 회사에서는 재택근무자들에 대해 엄격한 규정을 정해놓고 전화, 이메일 등을 통해 감독하여 근무 기강을 확립하고 있다. 그녀는 수천 마일 떨어진 지사 말단 직원들의 근무 실태를 직접 두 눈으로 확인하고 판정할 수 없기 때문에 대신 서면으로 업무 지침을 내려야 한다.

이 같은 근무 형태는 겉보기에는 유연하고 신축적으로 보이지만 실제로는 관료주의적 특성, 즉 번잡한 사무 절차가 줄어든 것도 아니다. 오히려 부하 직원들과 항상 같은 사무실에서 함께 일하면서 이들을 감독하던 때보다 업무 부담은 늘어나고 권한은 줄어들었다.

당초 나는 이 아메리칸드림 부부를 위해 동정의 눈물을 흘려줄 생각은 조금도 없었다. 그러나 기내식으로 나온 저녁을 먹으면서 그가 좀 더 인간적인 이야기를 하기 시작하자 나의 마음 한구석에서 동정심이 솟아 나왔다.

통제력 상실에 대한 그의 두려움은 사실 직장에서의 권력 상실에 대한 걱정보다 훨씬 더 심각했다. 그는 현대 경제에서 살아남으려면 불가피하게 어떤 조치와 생활 방식을 취하지 않을 수 없지만 이 때문에 자신의 정서적 내면세계가 표류하게 되는 건 아닌지 두려워했다.

리코는 내게 자신과 재닛의 친구는 주로 직장 동료들이나 직업상 만나는 사람들이라고 털어놨다. 지난 12년 동안 여러 차례 직장을 옮기고 이사를 다니는 바람에 많은 친구를 잃어버렸다는 것이다.

엔리코가 빌딩 관리인 노조 모임에 참석했을 때 공동체 의식 또는 소속감을 가장 강하게 느꼈던 것처럼 리코는 전자 통신 쪽에서 그 같은 감정을 기대한다. 그러나 온라인상의 통신은 너무 짧고 급히

끝나버린다. 리코는 그 같은 상황을 이렇게 비유했다.

"마치 애들이 부모와 떨어져 있는 상황과 같죠. 나중에 부모가 얻을 수 있는 것은 애들에 관한 소식뿐이잖아요."

네 차례 이사 때마다 새 이웃들은 리코가 모든 과거지사를 잘 정리했다고 간주하고 실리콘 밸리나 미주리에서의 직장 생활이 어땠느냐고 물어왔다. 그러나 리코는 이들이 다른 지역에는 별반 관심이 없기 때문에 건성으로 그 같은 질문을 해온다고 말했다. 이들의 상상력에는 전혀 열의가 없는 것이다. 이는 매우 미국적인 두려움이다.

미국의 전형적인 교외 지역은 베드타운이다. 그러나 지난 한 세대 사이에 경제적으로 일정 부분 도심에서 독립한 다소 다른 성격의 교외 지역이 생겨났다. 이런 곳은 부동산 개발업자가 막대기를 꽂는 순간 생명이 생겨 이내 번성하다가 채 한 세대도 안 되어 퇴락하기 시작한다. 이곳의 특징은 기존의 베드타운과 달리 이웃 간에 교류도 있고 친목의 정도 있지만 그 같은 우정이나 공동체 의식이 그리 오래가지 못한다는 점이다. 이 때문에 이곳에서는 이웃의 생활을 오랫동안 지켜봐 속속들이 아는 사람이 거의 없다.

리코에게 가장 심각한 걱정거리인 가족 문제에도 그 배경을 살펴보면 이 같은 덧없음의 감정이 깔려 있다. 엔리코와 마찬가지로 리코도 일을 가족에 대한 봉사로 여기고 있다. 그러나 아버지와 달리 리코는 일을 열심히 하다 보면 오히려 일의 궁극적 목적인 가정생활에 지장을 받는다고 생각했다. 처음에 나는 리코가 근무 시간이 너무 길어서 가족과 함께 지낼 시간이 부족하다는, 직장인들에게 가장 흔한 고민을 토로하는 것으로만 여겼다.

"저와 재닛은 7시에 귀가해 저녁을 먹고 나서 웬만하면 한 시간은 애들 학교 숙제 봐주는 데 할애해요. 그 뒤 각자 회사에서 가져온 밀린 일감을 처리하고요."

몇 달씩 회사 일이 잘 풀리지 않을 때면 그는 아이들 얼굴을 못 알아볼 것 같다는 말이 나올 정도로 정신없이 바빠진다. 그는 전 가족이 이처럼 자주 무정부 상태에 빠지면서 결국 자식들에게 소홀해지는 건 아닌지 걱정한다. 아이들에게 필요한 것을 이것저것 할 일이 많은 자신의 직업에 맞추는 건 불가능하기 때문이다.

이야기를 죽 듣고 나서 나는 어떻게든 리코를 위로하려 애썼다. 우리 부부와 양아들도 비슷하게 스트레스가 많은 생활에 시달렸지만 꾹 참고 극복해냈다는 말도 했다. "너무 자학할 필요는 없어. 자네가 그렇게 가족 걱정을 많이 하는 게 바로 가족을 위해 나름대로 최선을 다하고 있다는 뜻일세"라고 위로하기도 했다. 리코는 이 말에 다소 기분이 풀렸지만 내가 상황을 오해했던 것 같다.

리코가 어린 시절 엔리코의 권위주의적 태도에 눌려 지내면서 불만이 적지 않았다는 걸 나는 익히 잘 알고 있었다. 그는 당시 내게 빌딩 관리인인 아버지의 생활을 지배하는 소심한 규칙들을 생각하면 숨 막힐 듯 답답하다고 털어놓은 적도 있다. 그런 그 자신이 이제 막상 아버지가 되자 아이들에게 윤리적 규율이 너무 부족한 게 아니냐는 두려움에 빠진 것이다. 그는 특히 자식들이 방과 후 부모가 돌아오기 전까지 쇼핑센터 주차장에서 배회하는 한심한 처지가 되지 않을까 걱정이 이만저만이 아니었다.

그는 자식들에게 커서 아버지처럼 되고 싶다는 생각이 들도록 모범을 세우고 싶어 한다. 그렇다고 자식들에게 무턱대고 이렇게 저렇게 되어야 한다고 말해줄 수는 없는 것 아니냐고 그는 반문한다. 결국 그 자신이 모범이 되어야 한다. 그가 세운 신분 상승의 객관적 모범 사례는 아이들에게는 당연한 것으로 치부되고 있다. 즉, 자신들과는 상관없는 과거의 역사이자 이미 끝난 이야기라는 것이다.

그의 가장 큰 걱정은 아이들에게 자신의 직장 생활을 윤리적 처신의 모범 사례로 제시할 수 없다는 점이다. 일을 잘하는 게 바로 인간성이 좋은 건 아니기 때문이다.

나도 나중에 이해하게 됐지만 이 같은 두려움은 엔리코와 리코 세대를 구분 짓는 세대 차이에서 비롯한다. 재계 지도자와 언론인들은 세계 시장과 신기술 이용이야말로 현대 자본주의의 특징을 가장 잘 나타내는 증표라고 강조한다. 이는 지당한 말씀이지만 그들은 또 다른 차원의 변화, 즉 근무 시간을 조직하는 새로운 방식을 간과하고 있다.

그 같은 변화의 가장 구체적인 징후는 '장기long term는 안 돼'라는 표어에서 찾아볼 수 있다. 한두 개 직장에서 한 걸음씩 진급하는 전통적인 직업은 이제 퇴조하고 있다. 마찬가지로 평생 한 가지 기술만으로 먹고 사는 것도 어려워졌다. 현재 2년제 전문대 졸업 이상의 학력을 가진 미국 청년은 앞으로 40년의 취업 기간 중 최소한 열한 번 전직하고, 최소한 세 차례 '밑천 기술'을 바꿀 것이라고 예상된다.

미국의 전신, 전화 회사 ATT의 한 간부는 '장기는 안 돼'라는 표어가 바로 일의 의미까지 바꾸고 있다고 지적한다.

"이제 임시직과 비정규직이 업무를 주도하는 상황이다. '일자리'

는 '프로젝트'와 '근무 분야'로 대체되고 있다."[1]

또 대기업들은 지금까지 줄곧 회사 내에서 해오던 기존 업무의 상당 부분을 소기업이나 단기 계약직으로 고용된 개인에게 아웃소싱 형태로 하청을 주고 있다. 최근 미국의 노동력 중 가장 급속히 증가하고 있는 부문은 바로 임시직 인력 회사의 단기 파견 노동자들이다.[2]

경영 컨설팅의 권위자인 제임스 챔피는 "사람들이 변화를 갈망하는 것은 역사상 유례없이 소비자가 시장을 주도하고 있기 때문"[3]이라고 주장한다. 이 같은 견해에 따르면 시장은 너무나 역동적이어서 매년 똑같은 방식으로 똑같은 일을 되풀이하도록 용납하지 않는다.

경제학자 베넷 해리슨은 이 같은 변화욕의 원천은 급속한 이익 실현을 바라는 이른바 '조급한 자본impatient capital'이라고 확신하고 있다. 예컨대 지난 15년 동안 미국과 영국 증권 거래소에서 평균 주식 보유 기간이 60퍼센트나 줄어들었다. 시장은 급속한 이익 실현이 급속한 변화가 만들어내는 최상의 결과라고 믿어 의심치 않는다.

신경제가 공격 목표로 삼고 있는 '장기' 질서 그 자체는 사실 20세기 중반 몇십 년으로 끝났다. 앞서 19세기 자본주의는 주식 시장을 강타한 잇단 재앙으로 크게 비틀거렸다. 경기 사이클의 격렬한 진동 때문에 당시 사람들은 안정을 찾을 수 없었다.

2차 세계대전 후 엔리코의 세대에 와서 대부분의 선진국에서 이 같은 무질서는 크게 진정됐다.

강력한 노동조합과 복지 국가의 보증서, 그리고 대규모 기업이 상대적 안정의 시대를 여는 공동 요인으로 작용했다. 이 같은 30여

년에 걸친 기간이 현재 신경제의 도전에 직면한 '안정적 과거'인 셈이다.

단기, 계약, 임시 노동은 바로 현대의 조직 구조 변화의 산물이다. 기업들은 관료 기구의 계층을 없애서 더욱 수평적이고, 더욱 유연한 조직으로 탈바꿈하기 위해 애쓰고 있다. 경영진은 기존 피라미드형 조직 대신에 네트워크형 조직을 도입하고 싶어 한다.

사회학자 월터 파월은 "네트워크형이 위계질서를 강조하는 피라미드형보다 훨씬 운신의 폭이 넓다"면서 "네트워크형은 고정적인 피라미드형보다 해체가 쉽고, 재편도 쉽다"고 지적한다.[4] 이는 반대로 업무 성격이 명확하지 않고, 승진과 해고도 분명하고 확실한 규정에 의거하지 않는 경향이 있다는 의미다. 네트워크는 항상 자신의 구조를 재편하기 때문이다.

IBM의 한 간부는 파월에게 유연한 기업에서는 관련 업무가 군도群島처럼 서로 독립적이되, 가깝게 연결돼 있어야 한다고 말했다.[5] 군도는 (현대 기술 덕분에 빛의 속도를 가진) 연락선처럼 업무의 섬과 섬을 오가는 네트워크 통신을 묘사하는 적절한 비유라 할 수 있다.

전통적 명령 계통에서 흔하던, 곳곳이 막히고 느릿느릿한 통신을 대체한 열쇠는 컴퓨터였다. 직업 중에서 가장 급속히 성장하고 있는 부문도 바로 재닛과 리코가 일하는 컴퓨터 및 데이터 처리 관련 분야다. 컴퓨터는 이제 지위 고하를 막론하고 사실상 모든 일자리에서 다양한 방식으로 활용된다(부록의 통계표 1, 통계표 7 참조).

평생 똑같은 일을 한 엔리코의 경험은 역기능을 초래했다. 그러나 리코가 내게 애써 설명하고 (아마도 본인 스스로 다짐하고) 싶어 한 부분은 '장기는 안 돼'라는 표어로 구체화되는 물질적 변화가 특히 가정생활과 관련해 자신에게도 역기능을 미치고 있다는 점이다.

이제 헌신과 충성의 문제를 살펴보자. '장기는 안 돼'라는 식의 단기적 사고방식은 신뢰, 충성, 상호 헌신 등의 가치를 해치게 마련이다. 물론 신뢰는 사업 거래에 합의하거나 상대방의 경기 규칙 준수를 전제로 할 때처럼 순전히 공식적인 문제인 경우도 있다. 그러나 어려울 때 친구가 진짜 친구라는 격언처럼 통상적으로 깊은 신뢰를 느낀다는 것은 대개 비공식적인 경우가 많다. 그 같은 사회적 유대관계는 조직의 빈틈으로 천천히 뿌리를 내리기 때문에 개발, 확장하는 데 시간이 걸린다.

현대 조직에서는 이 같은 단기적 시간 개념의 틀 때문에 비공식적 신뢰가 성숙될 여유가 거의 없다. 특히 새로운 기업이 기업 공개를 할 때 흔히 상호 신뢰가 철저히 무너지곤 한다. 새로 창업하는 회사에 필요한 것은 오랜 시간과 집중적인 노력이다. 그러나 회사 주식을 처음 주식 시장에 상장하는 기업 공개 때 회사 창업자는 부하 직원들은 나 몰라라 하고 자신의 지분을 팔아 돈을 챙기는 데만 골몰하기 십상이다.

새 조직이건 오래된 조직이건 간에 특정 조직이 엄격한 상명하복이 아니라 유연하고 느슨한 네트워크형 조직으로 운영된다면 이 네트워크가 사회적 결속을 약화할 수도 있다. 사회학자 마크 그래노베터는 현대 조직 네트워크의 특징은 '유대 관계의 약화'라고 전제한 뒤, 이는 사람들에게 장기적인 인간관계보다 단기적인 교제 형태가 더욱 유용하며 더는 충성심과 같은 강력한 사회적 유대 관계를 강요

하는 게 불가능하다는 사실을 의미한다고 지적한다.[6]

유대 관계의 약화는 팀워크(협동 작업)에서 구체화된다. 즉, 팀은 팀원이 아니라 팀의 업무 단위로 움직이고, 그 과정에서 팀원은 수시로 교체된다. 반면 강력한 유대 관계를 유지하려면 오랫동안 친교를 지속해야 한다. 또 개인적으로는 기꺼이 상대방에게 헌신적인 자세를 견지해야 한다.

하버드대학교 경영 대학원 교수인 존 코터는 현대 조직의 특징인 이 같은 유대 관계 약화와 단기화 경향을 감안해 취업을 앞둔 젊은이들에게 "조직 내부보다 조직 외부에서" 일하도록 조언한다. 그는 또 장기적 고용 문제에 관여하기보다 상담만 하는 것을 선호한다. "온갖 부류의 지식은 물론이고 사업 개념, 제품 디자인, 경쟁 기업 정보, 자본 설비 등의 신뢰 수명이 점점 더 단축되고 있는"[7] 신경제에서 조직에 대한 충성은 일종의 덫이 될 수 있기 때문이다.

최근 IBM의 인력 감축 작업을 관리한 모 컨설턴트는 직원들이 더는 회사를 믿을 수 없다는 사실을 받아들이는 순간부터 이직을 생각한다고 단언한다.[8] 이 같은 현실에 대처하는 데 적합한 갑옷은 충성과 봉사의 가치를 바탕으로 열심히 일하기보다 회사 일에 거리를 두고 피상적으로 협조하는 것이다.

사람들의 직장 밖 정서 생활에 가장 직접적인 영향을 미치는 것은 첨단 데이터 송신이나 전 세계 증권 시장, 자유 무역이 아니라 바로 신자유주의의 새로운 시간대다. '장기는 안 돼'라는 표어는 계속 움직이되, 한곳에 정신을 팔지 말고 희생하지도 말라는 뜻이다.

리코는 기내에서 갑자기 격한 감정을 토로했다.

"교수님은 제가 자식들에게 헌신에 관해 얘기할 때면 스스로 얼마나 한심하다고 느끼는지 상상도 못 하실 거예요. 애들에게 헌신은 비현실적인 가치니까요. 요즘 세상에 어디서 헌신의 예를 찾아볼 수 있겠어요."

나는 저녁을 먹다가 느닷없이 그 이야기를 들었기 때문에 당시에는 무슨 뜻인지 이해하지 못했다. 그러나 이제 곰곰이 생각해보니 그 이야기는 나보다 자기 자신에게 한 말이라는 게 점점 더 분명해진다. 그는 자식들이 부모나 부모 세대의 실생활에서 헌신의 사례를 찾아볼 수 없다는 이야기를 하고 싶었던 것이다.

유연한 직장의 특징인 팀워크와 공개 토론이 이미 가정과 같은 사적인 영역에도 자리 잡고 있다지만 리코는 그 같은 가치들을 추켜세우는 세태가 질색이다. 가정에서 팀워크를 적용하면 자식들을 확실히 지도하지 못하고 결국 부모의 권위만 실추되는 부작용이 생긴다는 것이다. 리코는 자식에게 '안 돼'라고 말하는 게 두려워 모든 가정사를 미주알고주알 이야기해주는 부모들이 너무 많다고 개탄한다. 이들이 자식을 키우면서 분명한 원칙을 지키기보다 자식의 응석을 받아주는 데만 급급해한다는 것이다. 이렇게 되면 결국 방황하는 불량 청소년이 양산될 수밖에 없다.

"뭐든지 함께해야 해요."

갑자기 리코는 이렇게 단언했다. 역시 처음에는 그 말이 무슨 뜻인지 몰랐다. 그러자 그는 TV 시청을 예로 들어 자기 말뜻을 설명했다.

리코와 재닛 부부는 현대 부모치고는 특이하게도 정기적으로 자식들과 토론을 벌인다고 한다. 주로 TV에서 보는 영화나 코미디 연속극과 신문에서 보는 사건 간의 관계를 토론 주제로 삼아 서로의 의견을 주고받는 것이다. 그렇게 정리해주지 않으면 아이들에게 TV 시청은 잡동사니 이미지를 쌓아두는 데 불과하다는 게 리코의 생각이다. 그러나 아이들이 화제로 올리는 것은 온통 TV에서 보는 폭력과 섹스에 관한 것뿐이다.

엔리코는 주로 빌딩 관리인 생활에서 보고 겪은 일터 주변의 사소한 일들을 비유 형식으로 이야기하면서 가족들에게 인간성의 문제를 이해시키려 했다. 예를 들어 "오물을 무시할 수는 있지만 그런다고 오물이 없어지는 건 아니다"와 같은 이야기였다. 사춘기 시절의 리코는 생활의 지혜가 담긴 아버지의 이야기를 들으며 내심 아버지가 촌스럽게 빌딩 관리인 티를 낸다며 부끄럽게 여겼다.

그럼 이제 리코 본인은 직장 생활에서 윤리적 교훈을 얻거나 그런 교훈을 비유 형식으로 가족에게 이야기하지 않는지 물어봤다. 그는 처음에는 "TV에는 그럴 만한 게 많이 없어요"라고 둘러대며 대답을 피하다가 "글쎄요, 아니, 저는 그런 얘기는 안 해요"라고 했다.

리코는 직장에서 성공, 심지어 생존을 보장해준 행위를 가정에서의 아버지 역할 모델로는 내세울 수 없었다. 사실 리코와 재닛 같은 현대 부부에게 문제는 정반대 편에 있다. 즉, 어떻게 하면 가족 관계를 현대 직장의 특징인 단기적 행위, 회의식 사고방식, 충성과 헌신의 약화 등과 같은 흐름 속에서 무너지지 않도록 보호할 수 있느냐 하는 문제 말이다.

리코는 가정만큼은 신경제의 시시각각으로 변하는 카멜레온적 가치 대신에 의무, 신뢰, 헌신, 목적 등과 같은 가치를 강조해야 한다고 생각한다. 모두 장기적 가치들이다.

가정과 직장 사이의 이 같은 갈등 때문에 성인들의 생활에서도 몇 가지 의문이 제기된다. 즉, 단기적 사회에서 어떻게 장기적 목적을 추구할 수 있는가, 지속적인 사회관계는 어떻게 유지할 수 있는가, 에피소드와 단편적 일들로 이뤄진 사회에서 어떻게 정체성과 평생의 역사를 담은 이야기를 만들어낼 수 있는가 따위의 의문 말이다.

대신 신경제의 여러 여건상 세월의 흐름에 따라 이곳저곳 이 직장 저 직장으로 표류하는 경험만 양산되고 있다. 리코의 딜레마를 더욱 포괄적으로 규정한다면 단기 자본주의 때문에 그의 인간성, 특히 다른 사람과 유대 관계를 맺으면서 지속 가능한 자아의 의식을 간직하는 인간성의 특징들이 훼손될 위기에 처한 것이다.

저녁을 마치고 나서 우리는 각자 사념에 잠겼다. 30년 전 나는 당시 자본주의가 최후의 정점과 같은 상태를 달성했다고 상상했다. 시장의 자유가 더 확대되거나 말거나, 정부의 규제가 더 완화되거나 말거나 자본주의 체제는 성공과 실패, 지배와 복종, 소외와 소비를 통해 사람들의 일상 경험 속에 들어와 생활의 일부가 됐다고 생각했다. 문화와 인간성의 문제들은 당시 내게 이처럼 낯익은 사례들로 다가왔다. 그러나 이제 이 같은 낡은 사고 습관으로는 젊은이의 경험을 파악하는 게 불가능할 것이다.

리코는 가족 이야기를 했기 때문에 자신의 윤리적 가치에 관해 생각해본 게 분명하다. 함께 흡연석에 가서 담배를 피우는 동안 그는 자신도 원래 이념적으로는 리버럴한 축에 들어갔다고 말했다. 가난한 사람들을 배려하고 흑인과 같은 소수 인종과 동성애자들을 잘 대해주는 인심 좋은 미국인이라는 차원에서 그렇다는 것이다. 그는 특히 아버지의 흑인과 이민자 혐오를 부끄럽게 생각했다.

그러나 그는 사회생활을 하면서 '문화적 보수주의자'로 변했다고 했다. 대부분의 직장 동료와 마찬가지로 그도 정부의 복지 연금을 타서 술과 마약에 탕진하는 '사회적 기생충' 같은 인간들은 질색이다.

그는 또한 공동체 생활에서는 규칙적이고 엄격한 기준의 신봉자가 됐다. 그로서는 직장에서 위아래 구분 없이 지내고 가정에서도 자식들을 멋대로 풀어놓고 키우는 따위의 행태는 용납할 수 없었다. 이 같은 공동체적 이상의 단적인 사례로 리코는 자신도 일부 보수 진영 인사들이 제안하는, 흉악범의 자식들을 부모와 격리해 고아원에 수용하는 방안에 동의한다고 말했다.

이번엔 내가 발끈해서 둘 다 줄담배를 피워대며 격론을 벌였다. 우리는 서로 상대편 말허리를 자르며 입씨름을 벌였는데, 지금 생각해보니 리코는 내가 약이 올라 열변을 토하는 것을 은근히 즐긴 모양이다. 그는 자신의 문화적 보수주의가 현실이 아니라 단지 공동체의 상징적 이상이라는 사실을 잘 알고 있다. 그도 실제로 범죄자의 자식들을 고아원에 가둬놓고 키우리라고 기대하지 않는다.

확실히 그는 성인이 된 이후 과거를 지킨다는 의미에서의 보수주의 경험은 별로 없다. 예컨대 그가 이사할 때마다 새 이웃과 동료들은 마치 그가 인생을 새로 시작하는 것처럼 대해줬고, 따라서 그의 과거는 자연스럽게 망각 속에 묻혔다. 그가 말하는 문화적 보수주의는 과거를 답습하자는 게 아니라 자신이 살아가면서 잃어버리고 있다고 느끼는 일관성을 유지하자는 것뿐이다.

가정 문제와 관련해 그가 소중히 여기는 가치는 단순히 과거에 대한 그리움 같은 것은 아니다. 사실 리코는 자신이 어린 시절 겪었듯이 아버지가 가정에 군림하는 것은 바람직하다고 생각하지 않았다. 그는 또 부모의 단선적 시간 구조로 돌아가고 싶은 생각은 조금도 없었다. 내가 대학교수를 일생의 천직으로 생각한다고 말하자 그는 약간 아니꼽다는 표정으로 나를 쳐다봤다. 컨설턴트로서 숙련된 팀 플레이어인 그는 불확실성과 모험을 도전으로 여긴다.

그러나 그의 이 같은 유연한 근무 태도는 아버지나 공동체 일원이라는 역할에는 전혀 도움이 되지 않았다. 그는 사회에서나 가정에서나 지속적 인간관계를 맺고 싶었다. 직장에서의 인간관계 단절, 이웃들의 의도적 건망증, 자식들의 방과 후 길거리 배회 등의 현상은 그가 강조하는 영속적인 가치의 개념과는 완전히 상반된다. 리코는 덫에 걸려버린 셈이다.

그가 높이 평가하는 특정 가치에 따르면 부모는 자식에게 '안 돼'라고 말할 수 있다. 남에게 의존하는 것은 죄악이다, 공동체에선 일하지 않으면 안 된다, 등과 같이 모두 고정불변의 규칙들이다. 물론 수시로 변하는 환경은 이 같은 윤리적 가치의 범주에서 제외된다. 결국 리코는 자신이 소중히 여기는 가치를 변덕스러운 환경으로부터 방어하고자 하는 것이다. 그러나 영속적인 가치를 실행에 옮기기는 어렵다.

그 어려움은 리코가 지난 14년 동안 미국 각지로 옮겨 다니는 과정에서 잘 나타난다. 잦은 이사와 전직은 대부분 그가 원한 바가 아니었지만 그래도 그는 애써 수동적인 입장을 취하지 않으려 했다. 예컨대 그는 '감원당했다'는 말은 좀처럼 쓰지 않는다. 대신 미주리의 직장에서 일어난 그 일에 대해 "내가 위기에 직면해서 결단을 내린 것"이라고 강변한다. 즉, 그 위기는 스스로 선택한 것인 만큼 자신이 전적으로 책임을 지겠다는 뜻이다.

리코의 이 말은 아버지를 닮았다. 엔리코의 사전에서 가장 중요한 어구는 '스스로 책임을 지는 것'이었다. 그러나 리코는 그것을 실행하는 방법은 몰랐다.

나는 리코에게 미주리의 회사에서 감원됐을 때 왜 항의하거나 저항하지 않았는지 물어봤다.

"물론 화가 났지요. 하지만 그런다고 무슨 소용이 있나요? 회사의 경비 절감을 위한 구조 조정 자체는 불가피한 대세였어요. 무슨 일이 일어나든지 그 결과를 받아들여야 했죠. 아니면 재닛에게 이번엔 나를 위해 한 번 더 이사하자고 졸라댔어야 했을까요? 그건 재닛뿐만 아니라 자식들에게도 못 할 짓이었어요. 그 일에 관해 과연 제가 누군가에게 편지라도 썼어야 했나요?"

그는 속수무책이었다. 그래도 어찌할 수 없는 이 사건에 책임감을 느끼고 있다. 그는 말 그대로 이 일을 자신의 짐으로 여기고 짊어지고 있는 셈이다. 그러나 '책임을 진다'는 건 무슨 뜻인가.

그의 자식들은 주소와 직업의 유동성을 세상의 보편적 생활 양식으로 받아들이고 있다. 사실 재닛은 남편이 자신을 위해 기꺼이 직장을 옮긴 것에 대해 감사의 마음을 갖고 있다. 그러나 리코가 "그렇게 많이 옮겨 다닌 것은 내 책임"이라고 한 건 일종의 도전이었다.

함께 여행하며 이야기를 나누는 동안 바로 이 대목에서 나는 리코의 도전과 관련해 '어떻게 스스로 책임지겠다고 나설 수 있느냐'고 묻는 것만큼은 삼가야 한다는 걸 이해했다. 그렇게 묻는 것은 일리는 있지만 동시에 '넌 실제로는 별 볼 일 없다'는 욕이기 때문이다.

엔리코는 인간은 미리 정해진 특정 계급이나 조건 속에서 태어나기 때문에 그 같은 한계 내에서 가능한 일에 최선을 다한다는 구세대의 다분히 운명주의적 인생관을 갖고 있었다. 정리 해고와 같이 불가항력적인 일이 터져도 그는 잘 대처했다.

그러나 리코는 내가 방금 예를 든 이 같은 분쟁 건이 명백해지면 책임감도 더욱 강해진다. 여기서 주목할 대목은 그가 행위의 특정 방침보다 인간성 문제에 흔쾌히 책임을 진다는 점이다.

유연성 덕분에 그는 순수한 의지의 힘이 인간성의 본질이라는 신념을 갖게 되었다. 불가항력적인 일에 책임을 지는 것은 죄의식과 관련이 있는 듯하다. 그러나 리코의 경우, 적어도 내가 보기에는 그런 게 아니다.

그는 과도하게 자책하는 스타일은 아니다. 그렇다고 사회가 자신에게 온통 파편처럼 비친다고 해서 그가 의기를 상실한 것도 아니다. 그가 인간성 좋은 사람은 이래야 한다고 정해놓은 규칙들은 단순하거나 유치하게 보일지 모른다. 그러나 리코의 경우, 다시 한번 말하지만 그런 게 아니다.

그는 어떤 면에선 현실주의자다. 그가 자신의 가정에 엄청난 혼란을 몰고 온 장본인인 회사 경영진 앞으로 편지를 쓰는 것은 아무

의미도 없을 것이다. 따라서 리코는 저항을 위한 나름의 방법으로, 실직한다고 해서 방황하지 말자고 굳게 결의를 다진 것이다.

그는 특히 본질적으로 장기적인 성격을 갖는 충성, 헌신, 목적, 결심 등과 같은 인간성의 특징들이 심각하게 훼손되지 않도록 하고 싶어 한다. 그는 자신의 정체성을 영원히 본질적으로 규정하는 영속적 가치들을 진정으로 긍정한다. 그의 의지는 고정불변이다. 그는 이 가치들을 무조건 강조하는 덫에 걸린 셈이다.

방황하는 경험과 고정불변의 의지라는 양극단 사이에서 실종되는 것은 그의 행위에 계통을 세워줄 수 있는, 사건의 전말에 관한 이야기다. 이 이야기는 단순한 사건 연대기 그 이상이다. 사건의 시간대별 진행 과정을 구체적으로 적시해 사건의 발생 원인과 결과를 알려주기 때문이다.

엔리코에게는 평생 단선적으로 누적된 이야기가 있었다. 엔리코의 이야기는 고도로 관료주의적인 사회에서 통용된 것이다.

반면 리코는 단기적 유연성과 끊임없는 변화를 특징으로 하는 세계에 살고 있다. 이 같은 세계에서는 경제적으로나 사회적으로 이야깃거리가 별로 없다. 기업은 분화되거나 통합되고, 일자리는 생겼다가 사라지고, 개개의 사건 간에는 상호 연관성이 줄어든다. 경제학자 슘페터가 기업가 정신이라고 말한 '창조적 파괴'를 위해서는 변화의 결과를 계산하지 못하거나 다음에 무슨 일이 일어날지 모른다고 하더라도 개의치 않는 자세가 필요하다. 그러나 대부분의 사람들은 이처럼 냉담하고 무정하게 찾아오는 변화에 안절부절못한다.

리코는 지금까지 냉혹한 생존 경쟁 과정에서 잘 처신해왔지만 그렇다고 해서 슘페터적 인간으로 살고 싶은 생각은 없다. 리코에게 변화는 표류를 의미할 뿐이다. 리코는 자식들이 윤리적으로나 정서적으로 표류하지 않을까 걱정한다. 그러나 직장 상사들에게처럼, 자식들에게도 평생 교훈이 될 편지 한 장 써줄 수 없다. 그가 자식들에게 가르치고 싶은 교훈은 자신의 사리 판단과 마찬가지로 시간제한이 있을 수 없는 것이다. 이는 자신의 윤리적 교훈이 모든 경우에 적용된다는 의미라고도 할 수 있다.

변화에 따른 혼란과 변화에 대한 걱정으로 그의 감정은 이처럼 극에서 극으로 출렁거렸다. 아마도 이 때문에 그는 자식들에게 자신의 인생을 모범적인 이야기로 자신 있게 내세울 수 없는지도 모른다. 또 아마도 이 때문에 사람들이 그의 이야기를 들으면서 그의 성격과 생각을 제대로 알기 어려운지도 모른다.

내가 리코와의 만남과 대화를 이처럼 상세히 설명한 것은 시간, 장소, 일에 대한 그의 경험이 현대 사회에서 보편적이기 때문이다. 그의 정서적 반응도 마찬가지다.

단절된 시간 경험 때문에 인간성이 지속적인 이야기의 형태로 발전하지 못하고 있는 가운데 신자유주의의 여러 시간적 제한 요인은 인간성과 경험 사이에 갈등을 만들어낸다. 15세기 영국의 시인 토머스 호클리브는 대표작《군주 치세론*The Regiment of Princes*》에서 "언제 어디서 이 세상의 안정을 찾을 수 있겠느냐"고 반문했다. 비슷한 한탄이 고대 그리스 시인 호메로스의 시구나《구약성서》의〈예레미야서〉에도 나온다.[9]

사람들은 인류 역사를 통해 인생이란 전쟁, 기아, 질병 등으로 인해 어느 날 갑자기 진로가 바뀌기 때문에 살아남기 위해선 임시변통하지 않을 수 없다는 사실을 수긍한다. 1940년 당시 우리 부모와 조부모 세대들은 대공황의 참화에서 간신히 벗어나는가 했더니 2차 세계대전의 어두운 그림자가 어른거려서 근심 걱정이 이만저만이 아니었다.

현대의 불확실성은 역사적 재앙과 관계없이 무시로 출몰한다는 특이성을 갖는다. 현대의 불확실성은 격렬한 자본주의의 일상 경험 속에 녹아들어 있다. 불안정이 정상적인 것으로, 슘페터적 기업인이 이상적인 보통 사람으로 치부되는 것이다. 아마도 인간성 훼손은 불가피한 결과일지 모른다. '장기는 안 돼'라는 사고방식 때문에 장기적 행위가 방향성을 잃고, 신뢰와 헌신의 유대 관계가 약화되며, 의지와 행동의 아귀가 맞지 않게 된다.

리코는 자신이 성공했지만 심적 혼란에서 벗어나지 못했다는 점을 스스로 잘 아는 듯 보인다. 그에게 성공을 안겨준 유연한 행동이 그의 인간성을 약화한 것이다. 게다가 여기에는 실질적인 치료제도 없다. 그가 우리 시대의 보통 사람이라면 그의 보편성은 이 같은 딜레마에도 있다.

| 일상 | 구자본주의의 문제점

리코가 자신이 살고 있는 시대의 뜻을 이해하기 위해 애쓰는 것은 당연하다. 현대 사회는 일 자체를 마비시킬 수 있는 일상적이고 관료주의적인 시간과는 원천적으로 어울리지 않는다. 이 일상과의 불화의 시기에 리코의 문제는 본인 스스로와 관련된 것이다.

18세기 중엽에는 반복적 노동이 두 가지 서로 다른 결과를 초래했다. 하나는 긍정적이고 소망이 있는 결과였고, 다른 하나는 파괴적인 결과였다. 일상, 즉 규칙적 노동 시간의 긍정적 측면은 1751년에서 1772년까지 출간된 드니 디드로의《백과전서》에서, 부정적 측면은 1766년 출간된 애덤 스미스의《국부론》에서 가장 잘 묘사됐다.

디드로는 일상적인 일은 학습 과정에서 필수적인 암기식 공부와 비슷하다고 생각했다. 반면 스미스는 일상적인 일은 정신을 마비시킨다고 믿었다. 현대 사회는 스미스의 편이다. 그러나 디드로는 자신의 반대편에 서면 우리가 무엇을 손해 볼지 잘 보여준다.

디드로가 편찬한 《백과전서》에서 교양 있는 독자들에게 가장 눈에 띄는 항목들은 일상생활에 관한 것이다. 이 항목들은 다양한 필자들이 제조업과 여러 종류의 수공예, 농사 등을 주제로 집필했다. 여기에는 의자나 조각용 정을 만드는 방법을 보여주는 여러 장의 판화 삽화도 들어 있다.

18세기 중엽의 그림은 우아한 선이 특징이다. 대부분의 화가들은 이 우아한 선으로 귀족이 여가 시간을 보내는 장면이나 풍경을 묘사했지만 《백과전서》의 삽화가들은 망치와 인쇄기 등을 그렸다.

본문 내용과 삽화 이미지의 요점은 노동은 원래 존엄하다는 점을 정당화하는 것이었다.[1] 특히 《백과전서》 제5권에서 파리 남쪽 60마일 지점의 몽타지 마을에 자리한 랭글리라는 제지 공장의 모습을 그린 일련의 판화 삽화들은 일상의 존엄성을 잘 표현해준다. 이 공장은 본채가 오른쪽 양편으로 더 작은 바깥채와 붙어 있는 대저택처럼 그려져 있다. 외부에서 보면 영락없이 시골 귀족의 저택처럼 공장 주변으로 정원이 꾸며져 있다. 현대인의 눈에 아름답게만 보이는 당시 이 공장 모습은 디드로의 시대에 시작된 노동의 대변화를 극적으로 나타내고 있다. 이 공장에서는 집과 일터가 분리되어 있었다.

18세기 중엽까지만 해도 가정은 경제의 물질적 중심이었다. 시골에서는 가족 구성원들이 자신들이 소비하는 것을 대부분 직접 만들었다. 파리나 런던 같은 대도시에서는 장사도 주거지에서 행해졌다.

예를 들어 제과점에서는 주인 가족과 숙련공, 도제가 한집에 살면서 한 식구처럼 지냈다고 역사가 허버트 애플바움은 지적한다. 이 때문에 "빵을 만드는 비용에는 주인을 위해 일하는 모든 사람의 숙식 및 의류 비용이 포함됐다. 금전으로 주는 임금은 그 비용의 일부분에 불과했다".[2] 인류학자 다니엘 드페르는 이를 '주거 경제'라고 부른다. 즉 임금 노예제와 달리 노동자는 숙식을 제공받되, 주인의 뜻에 복종한다는 의미다.

디드로는 랭글리 공장에서 주거와 완전히 분리된 새로운 노동 질서를 묘사한다. 이 공장은 다른 곳과 달리 노동자에게 주거를 제공하지 않았다. 실제로 이 공장은 프랑스에서는 처음으로 마차 등을 타고 출퇴근해야 할 만큼 먼 거리에 사는 노동자들을 채용했다. 마찬가지로 프랑스에서는 처음으로 청소년 노동자들을 뽑아서 그들의 부모가 아닌 본인들에게 직접 임금을 지급했다. 이 제지 공장의 외관이 매력적이고 우아한 모습으로 그려진 것으로 봐서 삽화가는 직장과 주거의 분리를 긍정적으로 생각한 것 같다.

이 공장의 내부 모습도 역시 긍정적이다. 우선 질서 정연하다. 사실 18세기만 해도 종이 원료인 펄프를 만드는 작업은 지저분하고 악취가 풍겼다. 심지어 시신을 감쌌던 종이 수의에서 잘라낸 종이 조각들을 큰 통에 집어넣고 두 달간 썩혀서 종이 섬유질을 뽑기도 했다. 그러나 랭글리 공장의 마루는 먼지 하나 없이 깨끗하고, 더구나 구역질하는 노동자는 눈을 씻고 봐도 없다. 제지의 전 공정 중에서 가장 불결한, 압착기로 섬유질을 으깨서 펄프를 만드는 방에는 사람이 단 한 명도 없다. 또 펄프를 삽으로 떠서 프레스에 넣고 얇은 종이 형태로 만들어내는 작업은 기계가 아닌 사람의 분업을 통해서 해야 하는 가장 힘든 일인데도 이 방에서 일하는 세 명의 직공은 마치 발레를 하듯 기민하게 협력한다.

이 공장이 이처럼 질서 정연한 비결은 정확하고 규칙적인 일상에 있다. 랭글리 공장에서는 모든 설비와 물건이 정해진 자리에 놓여 있고, 모든 직공은 자신이 맡은 일을 잘 안다. 디드로는 이 같은 형태의 일상이 한 가지 단순 작업을 끝없이 기계적으로 반복하는 것이라고는 생각하지 않았다.

한 학생에게 어떤 시 50행을 암기하도록 시킨 선생은 그 시구가 학생의 머릿속에 차곡차곡 저장돼 있다가 필요할 때면 언제나 기억 속에서 되살아날 수 있기를 바란다. 디드로는 저서 《연기의 역설*Paradoxe sur le Comédien*》에서 배우가 대사를 여러 차례 반복 연습하면서 점차 특정 배역의 미묘한 부분을 터득해나가는 과정을 설명하고자 했다. 디드로는 산업 현장의 노동에서도 바로 이 반복의 미덕을 찾고 싶어 했다.

제지 노동자들은 바보가 아니다. 디드로는 다시 예술과 비유해서 노동자들이 작업 과정의 각 단계를 조작, 변경하는 방법을 터득하면서 제지 노동의 일상도 끊임없이 점진적으로 발전한다고 확신했다. 더욱 광범위하게 말해서 일의 리듬이란 음악가가 어떤 곡을 연주하면서 박자 맞추는 법을 배워가듯이 특정 동작을 반복하여 속도를 높이고 낮추거나 변화를 주고, 기기를 사용하거나 새로운 관행을 개발하는 방법을 찾아가는 것을 의미한다. 디드로는 반복과 리듬 덕분에 노동자가 작업 과정에서 '정신과 신체의 조화'를 이룰 수 있다고 지적했다.[3]

물론 이는 하나의 이상이다. 디드로는 설득력을 높이기 위해 시각적이되, 미묘한 증거를 제시한다. 제지 공장에서 악취가 나는 종이 조각을 자르는 소년 직공은 어른들의 감시도 받지 않고 방 안에서 혼자 일하는 것으로 그려져 있다. 또 풀 먹이고 건조하고 끝손질하는 방들에서도 소년 소녀 직공과 건장한 사내 직공이 함께 사이좋게 일하고 있다. 디드로의 《백과전서》는 독자들에게 말 그대로 일터의 평등과 우애를 보여준 것이다.

랭글리 공장 노동자들의 표정은 그 같은 이미지를 시각적으로 더욱 부각한다. 인간은 노동을 통해 스스로 내면의 평화에 이른다는 디드로의 확신을 반영하듯 이 노동자들의 표정은 한결같이 평온하다. 볼테르의 《캉디드》에서 주인공 마르탱은 "이론적으로 따지지 말고 일하자. 그게 인생을 견뎌나가는 유일한 방법이다"라고 말한다. 디드로는 볼테르보다 이론화의 욕구는 강했지만 볼테르처럼 사람은 일상과 그 리듬에 숙달하면서 자제력과 마음의 안정을 찾게 된다고 믿어 의심치 않았다.

그러나 이같이 질서 정연한 발전과 우애, 평온은 애덤 스미스가 보기에는 불가능한 몽상일 뿐이다. 일상은 정신을 마비시킨다는 것이다. 적어도 스미스가 주목한 초기 자본주의에서는 예술 활동 과정에서 반복이 갖는 긍정적 역할과 통상적인 노동 사이에 일상과 관련해 어떠한 공통점도 없는 것 같았다. 스미스는 1776년 《국부론》을 출간했을 때만 해도 새로운 자유주의의 개척자라는 평가를 받았다. 이는 그가 이 책 첫머리에서 자유 시장에 찬성하는 입장을 밝혔기 때문이다. 그러나 스미스는 단순한 경제 해방 선구자 이상의 인물이다. 그는 시장의 어두운 구석을 충분히 인식하고 있었다. 그 같은 인식은 그가 특히 새로운 경제 질서에서 시간의 일상성을 검토하는 과정에서 생겨났다.

《국부론》은 단 하나의 위대한 통찰력을 기초로 한다. 스미스는 재화, 상품, 노동이 자유롭게 유통되려면 사람들의 일이 더욱 전문화돼야 한다고 믿었다. 자유 시장의 성장은 사회 내의 분업 정도와 직결돼 있다는 주장이다.

벌집을 자세히 관찰하면 스미스의 분업 개념을 쉽게 이해할 수 있다. 벌집의 규모가 커지면서 벌집에 난 수많은 구멍 하나하나가 서로 다른 노동의 장소가 된다. 스미스 본인이 도표를 그려서 예로 든 것은 어느 핀 공장에 관한 것이다(여기서 핀은 오늘날 같은 바느질용 핀은 아니다. 18세기의 핀은 목공소에서 쓰이는 작은 못이나 압정 같은 것이었다). 스미스의 계산에 따르면 혼자서 모든 일을 다 하는 핀 제조업자는 하루에 기껏해야 수백 개의 핀밖에 못 만든다. 반면 새로운 분업 체계에 따라 핀 제조 공정을 세분화해서 각각의 노동자가 이중 단 한 가지 공정만을 담당하는 핀 공장에서는 핀 제조업자가 하루에 1만 6천 개 이상의 핀을 만들어낼 수 있었다.[4] 핀 공장이 자유 시장에서 장사를 하면 핀 수요가 촉진돼서 더욱 정교한 분업 체계를 갖춘 더 큰 기업으로 성장하게 된다.

디드로의 제지 공장처럼 스미스의 핀 공장도 일하는 곳이지 살림을 사는 곳은 아니다. 스미스는 집과 일의 분리가 근대의 모든 분업 중에서 가장 중요한 분업이라고 지적했다. 디드로의 제지 공장처럼 스미스의 핀 공장도 각각의 노동자가 오직 한 가지 기능만을 수행하는 일상 덕분에 질서 정연하게 운영된다. 그러나 스미스는 이런 식으로 근무 시간을 조직하는 것이 인간성에 엄청나게 좋지 않은 결과를 초래한다고 생각했기 때문에 핀 공장과 제지 공장 사이에는 근본적인 차이가 있는 것이다.

물론 스미스가 살던 시대는 일상과 시간 계획에 오랫동안 익숙해 있었다. 6세기부터 교회 종소리가 하루의 시간을 종교적인 단위로 구획했다. 특히 중세 초기 베네딕트회는 기도 시간뿐만 아니라 근무 시간과 식사 시간에 종을 쳐서 시간 관리 측면에서 중요한 한 걸음을 내디뎠다. 스미스의 시대에 거의 다 와서 기계식 시계가 교회 종소리를 대체했으며, 18세기 중엽 무렵에는 회중시계가 널리 사용됐다.

이제 사람이 있는 곳이면 교회가 가까이 있건 없건 정확한 시간을 알 수 있다. 따라서 시간은 공간에 의존하지 않아도 된다. 이처럼 시간 관리가 대폭 확대된 것이 왜 인간성 훼손의 결과를 불러와야 한단 말인가.

《국부론》은 상당히 지루한 책이다. 스미스의 시대에 신경제를 주창한 사람들은 신경제의 극적이고 희망에 찬 출발을 주로 언급하는 경향이 있었다. 그러나 본문을 계속 읽다 보면 이 밝은 출발은 이내 어둠에 휩싸인다. 핀 공장은 더욱 나쁜 곳이 된다.

스미스는 핀 제조 공정에서 관련 업무들을 부품 단위로 세분화하면 각각의 노동자는 끊임없이 한 가지 똑같은 일을 하며 멍할 정도로 지루한 나날을 보내야 한다는 점을 잘 알고 있었다. 일정 시점에 이르면 인간은 자신의 일에 대한 통제력을 상실하기 때문에 일상은 자기 파괴적으로 변하고 만다. 노동 시간에 대한 통제력 상실은 인간이 정신적으로는 죽은 것이나 다름없다는 의미다.

스미스가 신봉한 당시 자본주의는 이 거대한 경계를 지나가고 있었다. 스미스가 "새로운 질서하에서는 가장 많이 일하는 사람이 가장 적게 받는다"고 말한 것은 임금보다는 인간적 조건을 염두에 둔 것이었다.[5] 《국부론》에서 가장 암울한 몇 페이지는 다음과 같다.

> 분업이 더욱 진전되면 노동자 채용은 거의 대부분 몇 가지 매우 단순한 작업으로 국한된다. 몇 가지 단순 작업을 하는 데 인생을 소모한 사람은 일반적으로 인간이 저럴 수 있을까 할 정도로 우둔하고 무식해진다.[6]

따라서 노동자는 대사 1천 행을 외우는 배우의 침착하면서도 풍부한 표정 연기를 전혀 모른다. 디드로가 노동자를 배우와 비교한 것은 잘못이다. 노동자는 자신의 일을 통제하지 못하기 때문이다. 핀을 제조하는 노동자는 분업 과정에서 우둔하고 무식해진다. 반복적인 일이 사람을 무기력하게 만드는 것이다. 바로 이런 이유로 일상은 인간성을 바로 그 심저에서 위협한다.

스미스의 주장이 기이하게 염세적으로 비친다면 그건 그가 자본주의 이데올로기를 만든 사람치고는 꽤 복잡한 사상가였기 때문이다. 저서 《도덕감정론》에서 그는 일찌감치 동병상련과 상호 공감의 미덕을 주장한 바 있다. 그는 동정심이란 사람이 어느 날 갑자기 다른 사람의 고통이나 스트레스를 이해할 때 분출하는 자발적인 도덕적 감정이라고 정의했다. 그러나 분업과 일상은 이 자발적인 동정심의 분출을 무디게 하고 억압한다. 확실히 스미스는 분업과 시장의 성장을 사회의 물질적 진보와 동일시했지만 도덕적 진보와는 동일시하지 않았다.

앞에서 살펴봤듯이 리코의 도덕적 중심은 단호한 의지력에 있었다. 그러나 스미스는 자발적인 동정심의 분출은 어느 날 갑자기 사회 낙오자들의 처지를 이해하고 겁쟁이와 상습적 거짓말쟁이를 측은하게 여기는 것처럼 사람을 걷잡을 수 없는 감정 상태로 몰아넣어 의지력의 둑을 넘어서게 된다고 생각했다. 동정심의 분출이 사람을 정상적인 도덕심의 경계 밖으로 몰아낸다는 것이다. 동정심과 관련해서는 예측 가능하고 일상적인 것이 없다.

스미스의 주장은 이 같은 감정 분출의 윤리적 중요성을 강조했다는 점에서 당시 동시대인 중에서는 드문 탁견이었다. 대부분의 당대 사람들은 자발적인 감정이나 인간의 의지가 윤리적 측면에서는 인간성과 거의 관련이 없다고 봤다. 미국 3대 대통령 토머스 제퍼슨은 1779년 《종교 자유 장전*Bill for Establishing Religious Freedom*》에서 "인간의 의견과 신념은 자신의 의지에 달린 게 아니라 자기 마음속에 미리 정해진 징후를 무심결에 따르는 것"[7]이라고 단언했다. 인간성은 자신의 의무를 다하느냐에 달려 있다. 4대 대통령 제임스 매디슨은 1785년 이러한 견해를 더욱 발전시켜, 양심의 명령은 "따라서 양도될 수 없다. 왜냐하면 여기서 인간에 대해서는 권리인 것이 창조주에 대해서는 의무이기 때문"[8]이라고 했다. 자연과 자연의 신은 제안하고 인간은 순종한다는 것이다.

애덤 스미스가 언급한 인간성의 이야기는 당시보다 오히려 현대에 더 절박하다. 그는 인간성은 역사의 예측할 수 없는 우여곡절에 의해 형성된다고 생각했다. 일상이 일단 고정되면 개인사 측면에서 할 수 있는 건 거의 없다. 인간성을 개발하려면 이 일상을 박차고 나가야 한다.

스미스는 이 일반론을 구체적 사례를 들어 설명했다. 그는 상인의 인간성을 극구 칭찬했다. 상인이야말로 시시각각 변화하는 수요에 예민하고 능동적으로 대응한다고 믿었기 때문이다.

반면 그는 일상에 얽매인 공장 노동자의 인간성은 측은히 여겼다. 그의 견해에 따르면 상인은 훨씬 더 전인적인 인간이었다.

카를 마르크스가 장사나 상인의 찬미자는 아니었지만 애덤 스미스의 애독자였다는 사실은 놀라운 일이 아니다. 마르크스는 젊은 시절에 스미스의 《도덕감정론》 중 자발성 이론을 열렬히 숭배했다. 연륜이 쌓여 냉정한 분석가로 변한 뒤에는 스미스가 일상과 분업의 폐해인 노동자의 작업 통제력 상실을 지적한 대목에 주목했다.

스미스의 이론들은 마르크스가 '시간의 상품화'를 분석하는 데 필수적인 재료가 됐다. 마르크스는 스미스가 묘사한 핀 공장의 일상을 독일의 과거 일당제와 비교했다. 노동자는 매일 자신이 한 일에 대해 임금을 지급받는 이 제도하에서는 비 오는 날과 맑은 날 다르게 일하거나 수요 공급에 맞춰 업무를 조정하는 식으로 환경 조건에 적응할 수 있었다. 당시 노동자는 자신의 일을 통제할 수 있었기 때문에 일의 리듬을 잃지 않았다.[9] 반면 마르크스주의 역사가 에드워드 톰슨에 따르면 현대 자본주의의 노동자는 고용주의 시간과 자신의 시간이 서로 다르다는 괴리감을 경험한다.[10]

일상적 시간에 대한 스미스와 마르크스의 우려는 20세기에 와서 포드주의*라는 현상으로 현실이 됐다. 스미스가 왜 18세기 말 당시 막 태동하던 산업 자본주의를 근심 어린 시선으로 지켜봤느냐는 대목은 이 포드주의, 특히 그 이름이 붙은 포드 자동차 회사의 사례를 살펴보면 절실하게 이해할 수 있다.

포드 자동차 회사의 하이랜드 파크 공장은 1910~1914년 당시만 해도 첨단 기술에 입각한 분업의 대표적 모범 사례로 여겨졌다. 헨리 포드는 어느 면으로 보면 온정적인 고용주였다. 그는 당시 노동자에게 1997년 기준으로 환산하면 하루 1백 20달러에 해당하는 하루 5달러의 꽤 많은 임금을 지급했고, 노동자를 회사 이익 공유 프로그램에 참여시키기도 했다.

그러나 공장 내 근무 여건은 별개의 문제였다. 포드는 노동자가 노동 생활의 질을 걱정하는 것은 한마디로 주제넘은 허튼 생각이라고 여겼다. 하루 5달러의 임금이면 단순 반복 노동의 지루함에 대한 보상치고는 충분한 수준이라는 게 그의 생각이었다.

포드가 하이랜드 파크 공장을 세우기 전만 해도 자동차 산업은

* 양과 효율에 기초한 저가 판매로 소비자의 시장 구매력을 높여 판매량을 증가시키자는 포드의 경영 전략. 규모의 경제에 기초해 단위 생산 비용을 낮추고 최저 생계비를 상회하는 생활 임금으로 노동자의 잠재적 구매력을 높여 20세기 초 미국 사회 구조를 혁명적으로 변화시키는 기폭제가 됐다. 포드는 또 1911년 자동차 업계 최초로 조립 공장을 설립한 데 이어 2년 뒤 역시 최초로 자동차 생산을 위한 이동형 일관 작업 공정을 도입해 노동 통제의 전기를 마련했다.

고도로 숙련된 노동자가 종일 여러 복잡한 일을 해내는 수작업을 기반으로 했다. 이때는 노동자가 상당한 자율성을 향유했다. 스티븐 마이어는 "당시 숙련 노동자 중 상당수는 수시로 조수를 채용했다가 해고했으며, 조수에게 자신의 수입 중 일정 부분을 떼어줬다"[11]고 지적한다. 1910년경에는 핀 제조 노동자식 근무 형태가 자동차 산업에 정착됐다.

포드사는 생산 과정의 공업화에 따라 다방면에 기술을 가진 장인형 기술자보다 분업에 적합한 전문가형 노동자를 선호했다. 전문가형 노동자의 일자리는 생각이나 판단이 거의 필요하지 않은 특정 분야의 세부 작업이었다. 하이랜드 파크 공장에서 이 전문가형 노동자들은 미국으로 이민 온 지 얼마 안 되는 경우가 대부분이었다. 반면 장인형 기술자들은 주로 독일계와 비이민자들이었다. 경영진과 '토박이' 미국인들은 신규 이민자가 지능이 부족해서 일상적인 일밖에 못 한다고 여겼다. 1917년 무렵 포드사 노동력의 55퍼센트는 분업에 적합한 전문가형 직원이었고, 15퍼센트는 조립 라인 옆에서 일하는 청소부나 경비원이었다. 얼마 전만 해도 노동력의 주축이었던 장인과 기술자형 노동자의 비율은 15퍼센트 수준까지 떨어졌다.

> 값싼 인력에게는 값비싼 장비가 필요하지만 고도로 숙련된 인력에게는 자신의 공구 상자 외에 다른 게 거의 필요 없다.[12]

일찍이 스털링 버넬은 이렇게 다가올 변화를 예측했다. 인간 노동을 단순화하기 위해 발전된 기계를 사용한다는 시각은 애덤 스미스가 언급한 공포의 정점을 맛보게 해줄 기초가 되었다. 예를 들어 산업 심리학자 프레드릭 테일러는 대기업의 기계와 산업 디자인이 엄청나게 복잡하다 하더라도 노동자들이 이 같은 복잡성을 반드시 이해할 필요는 없다고 지적했다. 그는 노동자들이 기계나 산업 디자인을 이해하는 데 정신을 덜 빼앗길수록 자신이 맡은 일에 그만큼 더 효과적으로 집중할 수 있다고 주장했다.[13] 스톱워치를 사용한 테일러의 악명 높은 시간 동작 연구에서는 자동차 전조등이나 바퀴 덮개를 설치하는 데 걸리는 시간까지도 초 단위로 정확히 측정했다. 시간 동작 연구는 스미스의 핀 공장 이미지를 가학적 극단까지 이끌어낸 것인데, 테일러는 그의 실험용 생쥐 격인 노동자들이 이 같은 업무 측정과 조종을 수동적으로 받아들일 것이라고 믿어 의심치 않았다.

사실 노동자들이 이와 같은 정형화된 시간제 노예 상태를 수동적으로 수용한다는 결과가 나오지는 않았다. 역사학자 데이비드 노블의 보고에 의하면 상황은 이렇다.

> 노동자들은 시간 동작 연구를 사보타주하기 위해 다양한 방법을 썼고, 자신들의 이익에 어긋나거나 상충할 때는 방법이나 절차의 세부 부분을 무시했다.[14]

게다가 스미스도 '어리석고 무지한 인간'이 일할 때 의기소침해지면, 그 때문에 생산성도 하락한다고 지적한 바 있다. 제너럴 일렉트릭의 호손 공장에서 행한 실험에 따르면, 반대로 노동자들을 지각 있는 인격체로 대접하여 조금이라도 관심을 기울이면 그 결과 생산성이 향상되었다. 따라서 엘턴 메이오와 같은 산업 심리학자들은 경영자들이 종업원들에게 더욱 많은 관심을 보이도록 촉구했으며, 사업장에 정신 의학적인 상담 요법을 도입하기도 했다. 이들은 이를 통해 노동자들에게서 지루함의 고통을 어느 정도 덜어줄 수 있다는 것을 알았다. 그러나 노동자들을 시간의 철창에서 풀어줄 수는 없었다.

반복되는 일상에서 오는 고통은 엔리코 세대에서 최고조에 달했다. 1950년대의 고전적 연구 논문인 〈일 그리고 일에 대한 불만족〉에서 미래학자 다니엘 벨은 또 다른 자동차 공장인 미시간주 제너럴 모터스의 윌로우 런 공장에서 이 가설을 분석하고자 했다. 당시 이곳에서는 스미스가 말한 벌집이 참으로 거대해져 있었다. 윌로우 런 공장은 길이 0.66마일(약 1.06킬로미터), 폭 0.25마일(약 0.4 킬로미터) 정도의 건물이었다. 이곳에는 선철, 유리블록, 제혁 공구 등 자동차를 제조하는 데 필요한 모든 재료와 용구가 한 지붕 밑에 모여 있었고, 작업은 상명하복의 규율이 고도로 확립된 관료 체제하에서 애널리스트와 관리자들의 지휘 통제를 받아 이루어졌다. 이처럼 복잡다단한 조직은 다니엘 벨이 '공학적 합리성'이라고 명명한 정확한 규칙을 통해서만 제 기능을 발휘할 수 있었다. 이 거대하고, 공학적으로 잘 구성된 철창은 "규모의 논리, 시간 측정의 논리, 계급 구조의 논리"[15]라는 3대 원칙에 따라 운영되었다.

먼저 규모의 논리는 간단했다. 클수록 능률적이라는 것이다. 모든 생산 요소를 윌로우 런 공장과 같이 한 장소에 집중하면 에너지를 아낄 수 있고 물자 수송비가 절약되며, 공장과 함께 회사의 영업 및 경영 부문의 화이트칼라 직원 사무실도 같은 곳에 배치할 수 있다는 논리였다.

계급 구조의 논리는 그리 간단하지 않았다. 막스 베버는 인간의 '쇠창살 우리'를 정의하면서 "군대식 규율이 근대 자본주의 공장 관리의 이상적 모델이라는 점을 보여주는 데는 특별한 증거가 필요하지 않다"[16]고 역설했다. 그러나 1950년대의 제너럴 모터스와 같은 회사에서, 다니엘 벨은 다소 다른 통제 모델을 제시했다. 즉, "생산을 조직, 지휘하는 경영진은 작업 현장에서는 일체 머리 쓰는 일을 하지 못하게 하고, 회사의 모든 역량이 기획과 설계 부서에 집중되게 한다"는 모델이다. 건축학적으로 이는 관리자와 기술자들이 공장에서 작업 중인 기계에서 가능한 한 떨어져 있는다는 의미였다. 따라서 이 공장의 사령탑은 자신들의 군대와 신체적 접촉을 할 수 없게 됐다. 그 결과 "밑바닥 노동자들은 자신이 작업 중인 생산품에 대한 어떠한 결정이나 변경에도 관여하지 못한 채 오직 톱니바퀴같이 세부 작업에만 몰두하게 되어"[17] 노동자들의 심신을 마비시키는 정형성의 악덕은 더욱 강화됐다.

윌로우 런 공장의 이 같은 병폐는 테일러식 시간 측정 논리에서도 계속 발견된다. 시간이 그 넓은 공장 곳곳에서 세세하게 계산되면서 최고 경영자들은 모든 노동자가 주어진 시간에 주어진 일을 제대로 했는지 정확히 파악할 수 있었다. 예컨대 다니엘 벨은 제너럴 모터스가 "한 시간을 열 차례의 6분으로 쪼개서 (…) 노동자들에게 한 시간에 10분의 1 단위로 임금을 지불하는 것을 보고 충격을 받았다"[18]고 기록한 바 있다. 이러한 세세한 작업 시간 관리는 회사의 장기적인 시간 계산과도 연결되었다. 연공서열식 임금은 노동자가 제너럴 모터스에서 일한 총 시간에 따라 세밀하게 책정되었으며 휴가와 병가 혜택도 이처럼 세세하게 계산되었다. 승진과 부가 혜택의 경우 조립 라인에서 일하는 블루칼라뿐만 아니라 사무실에서 근무하는 화이트칼라의 말단 직원들에게도 이 같은 미세 측정법이 적용되었다.

그러나 엔리코 세대에 이르자 시간 측정은 거대 기업의 성장을 위한, 관리를 통한 억압과 지배 행위와는 다소 다른 양상을 띠기 시작했다. 이러한 시간 계획을 놓고 전미 자동차 노조 연맹과 제너럴 모터스 경영진 양측은 강도 높은 협상을 벌였다. 일반 조합원들도 이 협상과 관련한 수치에는 긴밀하고 열렬한 관심을 보였다. 일상적인 시간은 이제 노동자가 자신의 요구를 강하게 주장할 수 있는 무대가 된 것이다.

애덤 스미스가 예상치 못한 정치적 결과였다. 슘페터가 '창조적 파괴'의 이미지를 통해 제시한 기업 혁신의 폭풍은 애덤 스미스가 말한 핀 공장 같은 체제가 19세기를 거치면서 파산했다는 사실을 의미한다. 또 스미스가 말하는 합리적인 벌집형 조직은 강철과 돌로 지어졌지만 단지 몇 년 동안만 유지되는 종이 위에 그려진 계획이라고 여겨졌다. 따라서 노동자들은 이 같은 격변에서 스스로를 보호하기 위해 신용 조합에 저축하거나 주택 조합을 통해 집을 할부 구입하면서 시간을 규격화하고자 했다. 요즘 일상적인 시간을 개인적 '성취'의 결과라고 생각하는 사람은 거의 없다. 그러나 산업 자본주의의 스트레스와 호황과 불황을 오가는 급격한 경기 변동을 감안하면 가끔 그렇게 생각할 수도 있다. 이에 따라 포드의 하이랜드 파크 공장에서와 같은 일상적인 시간의 조종은 어렵게 됐으며, 이 같은 현상은 제너럴 모터스의 윌로우 런 공장에서 극에 달했다. 앞서 우리는 엔리코가 어떻게 일상적인 시간에 대한 이런 강박증적인 집착에서 벗어나 자신의 인생을 위한 긍정적인 이야기를 만들어냈는지 살펴보았다. 일상은 사람의 품위를 떨어뜨릴 수도 있지만 보호할 수도 있으며, 노동을 구성할 수도 있지만 인생을 구성할 수도 있다.

당시 노동자들이 어째서 자본주의에 대항하지 않았는지 이해하고자 했던 다니엘 벨은 그 과정에서 스미스가 말한 공포의 실체를 생생하게 확인했다. 사실 벨은 사회주의적 신념에서 이미 절반쯤은 빠져나온 사람이었다. 그는 노동에 대한 불만, 심지어 노동의 내용을 공허하게 만드는 것과 같은 심각한 상황에서도 사람들이 반발하지 않는다는 사실을 깨달았다. 즉, 정형화된 일상에 대한 반항이 혁명을 낳지는 않는다는 것이다. 그럼에도 벨은 어떤 의미에서는 사회주의 가문의 훌륭한 적자로 인정받을 수 있다. 그는 자신이 방문한 윌로우 런 공장이 바로 비극의 현장이라고 믿었다.

벨이 살펴본 윌로우 런 공장은 시간을 거슬러 올라가 포드의 하이랜드 파크 공장과 애덤 스미스의 핀 공장과 일맥상통하는 점이 있다. 일상적인 노동은 이러한 모든 장면의 노동 속에서 개인을 퇴보시키는 특별한 종류의 정신적 무지의 원천으로 등장해왔다. 노동자가 똑같은 손잡이를 당기고 핸들을 돌리는 일을 끝없이 되풀이할 때 어떤 현상이 나타날지는 자명하다. 일상적인 일을 하는 노동자들에게는 당연히 변화 방법에 관한 지식이나 다양한 미래를 향한 더욱 광범위한 비전이 없다. 일상에 대한 이러한 비판론은, 말하자면 기계적 행위는 자신의 인생에 관한 더욱 넓은 시야의 의식을 가로막는다는 의미다. 카를 마르크스의 시각에서 보면 엔리코와 같은 노동자들의 소소한 인생 이야기는 역사라는 큰 틀에 비춰 단순히 기존 환경에 적응해서 살아가는, 무시해도 좋은 하찮은 것으로 보일지도 모른다.

오랜 시간이 지난 지금까지도 드니 디드로와 애덤 스미스 간의 논쟁이 생생하게 받아들여지는 이유가 바로 여기에 있다. 디드로는 일상적인 노동이 근로자들을 정신적으로 퇴보시킨다고는 생각지 않았다. 오히려 일의 규칙과 리듬에 점차 익숙해짐에 따라 일상이 인생 이야기를 만들어간다고 보았다. 18세기 중엽 파리의 허름한 술집을 전전하며 한량 생활을 하던 이 '철학자'가 민중의 이름으로 목소리를 높인 수많은 활동가보다 오늘날 평범한 노동의 본래적 존엄성을 더 잘 옹호한 사람으로 인정받는다는 것은 아이러니가 아닐 수 없다. 오늘날 디드로의 가장 위대한 계승자로 꼽히는 사회학자 앤서니 기든스는 사회적 관습과 인간의 자기 이해라는 양 측면에서 습관의 주요한 가치에 주목하여 디드로의 통찰을 오늘에 되살리려 했다. 우리는 이미 숙달된 습관과 연관 지어서 대안들을 시험해보았기 때문이다. 유지 가능한 정형성이 결여된 순간적 충동과 단기적인 행동의 삶, 즉 습관이 없는 삶을 상상하는 것은 참으로 의식이 없는 존재를 상상하는 것과 마찬가지다.[19]

오늘날 우리는 일상이라는 문제에 관해 역사적 갈림길에 서 있다. 유연성이라는 새로운 단어의 등장은 역동적인 경제 시스템 내에서 일상이 죽어간다는 의미다. 그러나 대부분의 노동은 여전히 포드주의의 울타리를 벗어나지 못하고 있는 게 현실이다. 단순 명쾌한 통계를 입수하기는 어려웠지만, 부록의 통계표 1에서도 볼 수 있듯이 현대 직업 중 적어도 3분의 2 정도는 애덤 스미스의 핀 공장 노동자들의 근로 형태와 비슷한 반복적인 업무라고 추정할 수 있다. 마찬가지로 직장 내의 컴퓨터 작업도 통계표 7에서 볼 수 있듯이 정보 입력과 같은 일상적인 업무가 주를 이룬다. 디드로와 기든스의 주장처럼 그러한 일상적인 업무가 인간의 품위를 떨어뜨리는 게 아니라고 믿는다면 그 업무가 이루어지는 노동 조건에 초점을 맞추게 될 것이다. 따라서 우리는 공장과 사무실이 《백과전서》에 수록된 랭글리 공장의 삽화가 묘사하듯 서로 돕고 협조하는 노동의 현장이 되기를 소망한다.

그러나 일상적인 노동이 본질적으로 인간성을 침해한다고 여긴다면, 우리는 이러한 작업 과정 자체를 비판하게 될 것이다. 특히 정형성과 그 모체인 관료주의의 죽은 손을 혐오하게 될 것이다. 나아가 시장 민감성, 생산성, 이윤의 증대라는 실용적 욕구에 이끌릴지도 모른다. 그렇다고 해서 우리가 탐욕스러운 자본주의자라는 뜻은 아니다. 애덤 스미스의 후계자인 우리는 사람이 일터와 다른 분야 모두에서 보다 유연한 경험에 의해 자극받는다고 믿으며, 또 자발성의 미덕을 믿을 뿐이다. 의문은 여기서 생긴다. 숱한 위험과 불확실성이 수반되는 유연성이 실제로 인간의 악덕을 치유하는 것일까? 일상이 인간성을 안정시키는 효과가 있다고 가정하면, 유연성이 사람에게 활기를 불어넣는다는 것은 도대체 어떻게 된 연유에서인가?

| 유연성 | 새롭게 구조 조정되는 시간

'flexibility유연성'란 단어는 15세기 무렵 영어에 들어왔다. 그 뜻은 원래 나무가 바람을 맞고 휘어졌다가도 탄력에 의해 원래의 자리로 되돌아온다는 단순한 관찰에서 유래했다. 이렇게 '유연성'은 구부러졌다가 되돌아오는 나무의 힘, 다시 말해 자신의 형태를 시험하고 복구하는 두 가지 능력 모두를 일컫는다. 이상적으로 보면, 인간의 행동도 변화하는 환경에 의해 부러지지 않고 적절히 대응하는 이런 유연성을 지닐 필요가 있다. 오늘날 사회는 더욱 유연한 조직을 창출해 정형화된 일상의 폐단을 없애는 방법을 찾으려 애쓰고 있다. 그러나 실제로는 유연성의 두 가지 힘 중 대체로 사람을 구부러지게 하는 쪽에 초점이 맞춰져 있다.

근대 초기의 철학자들은 유연성의 구부러뜨리는 힘과 자아의 감각 능력을 동일시했다. 존 로크는 그의 《인간오성론》에서 "자아란 (…) 의식하고 사고하는 존재로서 기쁨이나 고통을 감지하거나 의식할 수 있고, 행복과 불행을 받아들일 수 있다"고 적었다. 데이비드 흄도 《인간이란 무엇인가》에서 "내가 이른바 '나 자신' 속으로 아주 가깝게 접근해 들어가면 언제나 열기나 냉기, 빛이나 그늘, 사랑이나 미움, 고통이나 기쁨 등 특정한 감각을 인식하지 않을 수 없다"고 주장했다.[1] 이런 감각은 자아를 때로는 이쪽으로 때로는 저쪽으로 구부러지게 하는 외부 세계의 자극에서 비롯한다. 애덤 스미스의 도덕적 감정 이론은 이 같은 외부의 변화하는 자극을 기초로 한 것이다.

그 뒤 인간성을 연구하는 철학 사상들은 감각적인 동요에서 자아의식을 구출할 내적 규율과 회복의 원리를 찾기 위해 애썼다. 그러나 스미스가 정치 경제학에 본격 매진한 이후의 논문들을 보면 '변화'가 부쩍 강조되고 있다. 이런 종류의 유연성은 기업가적 덕목들과 연관성이 있다. 스미스의 뒤를 잇는 19세기의 정치 경제학자들은 변화에 기민하게 대처하는 기업가와 우둔하게 한 우물만 파는 노동자를 대비시켰다. 존 스튜어트 밀은 《정치경제학 원리》에서 시장을 위험하면서도 도전적인 인생 극장에, 그곳의 상인을 즉흥 예술가에 각각 비유했다.

애덤 스미스가 동정심 많은 도덕주의자였다면, 그 이후 정치 경제학자들은 그와는 다른 윤리적 가치를 중시했다. 밀은 유연한 행동에서 개인적 자유가 나온다고 보았다. 여전히 그의 의견에 동조하는 사람이 많다. 인간은 변화를 받아들일 수 있기 때문에 자유롭다는 관점에서 보면, 변화에 열려 있고 적응할 수 있다는 것은 자유로운 활동에 필요한 인간성의 특징이다. 하지만 오늘날 새로운 정치 경제학은 자유에 대한 이러한 개인적 열망을 배반한다. 관료주의적 정형성에 대한 반발과 유연성의 추구가 인간을 자유롭게 하는 환경을 조성하는 대신에 오히려 새로운 권력과 통제의 구조를 만드는 것이다.

현대적 형태의 유연성을 추구하는 시스템은 다음 세 가지 요소로 구성되어 있다. 조직의 비연속적 개혁, 생산의 유연 전문화 그리고 중앙 집중이 없는 힘의 결집이 그것이다. 각 범주에 속하는 내용은 우리에게 대부분 낯설지 않은 것들이지만, 개인적으로 어떠한 결과를 가져오는지를 파악하기는 쉽지 않다.

조직의 비연속적 개혁

요즘의 비즈니스 매뉴얼이나 잡지들은 변화를 갈망하는 세태에 부응하여 주로 유연성에 대해 다룬다. 그러나 여기서 변화란 특별한 종류로, 우리의 독특한 시대 감각에 맞춘 변화를 말한다. 인류학자인 에드먼드 리치는 변화의 시간에 대한 경험을 두 가지로 나누었다. 하나는 변화를 인식하되 그것을 이미 이전에 있던 것의 연속으로 느끼는 경우고, 다른 하나는 이미 돌이킬 수 없이 바뀌어버린 실상 때문에 단절감을 가지는 경우다.[2]

성찬식과 같은 종교 의식을 놓고 생각해보자. 성찬을 받는 행위는 200년 전에 다른 어느 누군가 성찬을 받았을 때와 똑같을 것이다. 이때 만일 하얀 성찬 밀빵 대신 갈색 밀빵을 받는다 해도, 단지 새로운 재료를 성찬 의식용으로 썼다는 것뿐, 그 의식이 지닌 의미에 대해서는 별다른 거부감을 느끼지 않을 것이다. 그러나 만일 결혼한 여자도 성찬 의식을 집례하는 신부가 될 수 있다고 주장한다면, 이것은 '신부'의 의미, 나아가서는 성찬 의식의 의미까지도 완전히 바꾸어 놓는 결과를 가져올지도 모르는 일이다.

디드로가 랭글리 제지 공장의 노동자들을 통해 묘사한 노동의 리듬이나 앤서니 기든스가 연구한 습관의 리듬은 노동이라는 측면에서 볼 때 변화하지만 연속적인 시간이라는 첫 번째 의미의 예다. 이와는 대조적으로, 오늘날 관료주의적 정형성에서 지향하는 것과 같은 식의 유연한 변화는 단호하게, 그리고 복구가 불가능할 정도로 조직을 개혁한다는 점에서 현재와 과거 조직이 연속성을 잃는다. 이는 두 번째 의미의 경우다.

느슨한 네트워크 구조가 포드주의자 시대를 지배하던 피라미드식 위계질서보다 과감한 재창조에 더 개방적이라는 믿음은 현대적 경영 현장에서 시금석으로 여겨지고 있다. 네트워크 연결 고리의 결속력이 약하다면, 적어도 이론적으로는 다른 부분들을 망가뜨리지 않고도 필요한 한 부분만을 제거할 수 있다. 그러나 이렇게 되면 시스템이 조각나고 그 조각 사이로 방해 요소가 끼어들 틈새가 생긴다. 바로 그러한 심각한 모순을 고쳐야 할 필요가 있다.

현재, 이런 방식으로 조직을 재창출하는 전문 기술들이 상당히 개발되어 있다. 경영인들은 정보 관리 프로그램 SIMS Safety Information &Management System를 활용하여 정책의 진행 과정을 표준화하고 있으며, 대형 주식회사들도 SIMS 소프트웨어를 사용하여 벌집 형태 조직 내의 세포 조직까지도 관리하여 중복되거나 비효율적인 부문을 신속하게 제거한다. 이와 같은 소프트웨어는 회계사나 조직 진단 전문가들이 기업을 합병할 때 프로그램이나 인력을 어떻게 축소할 것인가를 정량적으로 평가하게 해준다. 생소한 용어지만, '디레이어링Delayering*'은 소수의 경영자가 다수의 고용원을 관리하는 방책이고, '수직적 분산**'은 작은 그룹의 직원들이 여러 독립 업체의 다양한 업무를 담당토록 하는 것을 말한다.

익히 들어본 '리엔지니어링reengineering'의 가장 두드러진 특징은 직무 규모의 축소다. 이런 식으로 감원된 미국의 근로자 수는 1980년에 1천 300만 명 정도였으나, 1995년에는 3천 900만 명으로 크게 증가했다. 이러한 근로자 중 중년층 근로자가 이전 직장과 동일하거나 더욱 높은 수준의 임금을 받고 재취업하는 경우는 극소수라는 점을 감안한다면, 감원은 근로자들의 능력 부족이 점차 눈에 띄는 추세와도 직접적으로 관련이 있는 듯하다. 이 상황을 주제로 다룬, 현대의 바이블이라 일컬어지는《리엔지니어링 기업혁명》의 공동 저자 마이클 해머와 제임스 챔피는 업체의 리엔지니어링이 인력의 해고를 그럴듯하게 포장하는 말일 뿐이라는 비난에 대해, "규모 축소나 구조 조정은 단지 적은 양으로 적은 양을 감당한다는 의미다. 그에 반해 리엔지니어링은 적은 양으로 많은 양을 감당하기 위한 것이다"[3]라고 역설한다. 이러한 주장은 능률성을 강조한 것으로서, '리엔지니어링'이라는 말은 과거와 단호히 단절하여 얻을 수 있는 더욱 치밀하게

* '잔가지 치기'라는 뜻으로 슬림화 등 구조 조정과 관련된 경영학 용어

** 조직의 수직적인 위계 구조를 평평하게 분산시키는 것으로 일종의 평면적 조직 구조

짜인 운영이라는 의미다. 그러나 능률적인 리엔지니어링을 지나치게 강조하면서 그 역기능적 현상이 일어나고 있다. 리엔지니어링은 상당히 카오스적인 처리 과정이기 때문에, 일단 발생한 변화는 돌이킬 수 없다.

예를 들면, 새로운 비즈니스 계획을 수립하고 그에 맞춰 조직을 슬림화하고 재조직하여 그 후 새로운 계획을 실현할 수 있도록 충전하기 위해서는, 대규모 기업체일수록 큰 비용을 들여서라도 외부의 컨설팅 전문 업체에 용역을 맡겨야 한다는 것이 1990년대 중반까지 재계 경영자들에게는 의심의 여지 없는 사실이었다. 이 분야에서 유능하고 탁월한 컨설턴트 중 한 사람인 에릭 클레먼스는 “대부분의 리엔지니어링이 실패로 끝나고 있다”고 자기 비판적인 어려움을 토로하면서, 그 원인은 주로 기업체가 인력 감원 과정에서 기능 장애에 봉착하기 때문이라고 보았다. 즉, 그는 사업 계획이 취소되거나 변경되어 예상했던 긍정적 효과가 순식간에 물거품이 되어버리고, 따라서 조직 자체가 갈 방향을 잃어버리게 된다고 비판했다.[4] 적절한 전문 지침 없이 조직을 변형하면 오히려 엉뚱하거나 어긋난 방향으로 나가게 만든다. 즉, 이윤을 남기는 부문을 갑작스레 매각한다거나, 사업을 재조정한 지 몇 년도 지나기 전에 이전에 잘라내버린 부문에 다시 뛰어들려는 것 등이 대표적인 사례다. 이러한 역기능적 현상에 대해 사회학자 스콧 래시와 존 어리는 ‘조직된 자본주의의 종말’의 주범이 바로 유연성이라고 지적한다.[5]

이 발언은 극단적이라고 여겨질지도 모른다. 사실 경영자적 이데올로기 입장에서는 자기 기업체를 하나의 개방적인 실험 대상으로 보고 변화를 감행하는 것은 아니다. 이는 더 큰 효율성을 달성하려는 노력이다. 특히 새로운 체제는 생산성 증대라는 명목 아래 정형성의 악덕들과 투쟁한다고 여겨졌는데, 그렇다면 그것이 과연 효율성 증대라는 방향으로 성공했는지 한번 의심해봐야 하지 않을까?

1990년대 초, 전미 경영자 협회와 와이어트는 규모를 축소한 회사들을 대상으로 한 연구 결과를 발표했다. 협회는 반복적인 규모 축소가 "이윤의 저하와 노동 생산성의 하락"을 가져왔다고 밝혔고, 와이어트사도 비용 절감 목표를 달성한 회사는 절반도 안 되며, 3분의 1에도 못 미치는 회사만이 이윤 증가를 이루었다고 발표했다.[6] 실패의 원인은 근로자의 자신감 부족이었다. 규모 축소를 위한 갖가지 감원 정책을 시행하면서, 근로자들의 일에 대한 사기와 동기 부여가 급속히 떨어진 것이다. 해직 위기에서 벗어난 근로자들은 이미 해고된 사람들과의 경쟁에서 살아남았다는 승리감으로 기뻐하기보다는 언젠가 또다시 불어닥칠 감원 대상이 되지는 않을까 계속 불안해했다.

생산성에 대해서는 대규모로 평가하기가 무척 복잡하지만, 일반화해보면 현재의 생산성이 바로 얼마 전보다 과연 더 높은가에 대해서는 회의적으로 생각할 만한 몇 가지 근거가 있다. 예를 들어, 국내 총생산의 성장률을 특정 평가 방법으로 측정해보았다. 이 평가에 따르면, 관료주의적 공룡 시대에는 국내 총생산의 성장률이 매우 높다. 그러나 이후의 모든 산업 사회에서는 그 비율이 낮아졌다(부록의 통계표 3 참조). 기술이 발전하면서 몇몇 국가의 제조업 분야에서는 상당한 증가가 있었으나, 전체적으로는 블루칼라 계층뿐 아니라 화이트칼라 계층의 근로자들에게서도, 근로자 1인당 생산량으로 환산하건 근로 시간당 생산량으로 환산하건 모두 생산성이 낮았다. 심지어 어떤 경제학자들은 컴퓨터에 투입된 모든 비용까지 포함해 계산한다면, 실제로는 생산성 결손이 나타난다고 주장했다.[7]

그렇다고 해서 업체가 비능률적이거나 비조직적이라는 이유로 반드시 급격하고 갑작스러운 변화를 도모해야 한다는 뜻은 아니다. 조직을 재편성하려는 시도는 실제 변화가 필요한 상황임을 알리는 신호라고 볼 수 있다. 우리가 이미 잘 알고 있듯이, 어떤 형태의 변화라도 기존보다는 나으리라는 단순한 기대 심리 때문에 리엔지니어링을 하는 동안 해당 업체의 주가가 오르는 현상을 종종 볼 수 있었다. 현대 시장의 기능 방식을 놓고 볼 때, 조직의 와해가 이윤을 낳아왔다. 와해가 생산성이라는 이름으로 정당화될 수 없을지도 모르지만, 주주들에게 돌아오는 단기적 이익은 강력한 유인책이 된다. 이때 '리엔지니어링'이라는 그럴듯한 이름으로 위장한 카오스가 위력을 발휘한다. 그리하여 완벽히 존속될 수 있는 사업 부문까지 폐기하고 유능한 피고용인들을 대접하기는커녕 해고하기까지 하는데, 이는 단순히 그 조직체가 시장에서 자신이 변화에 적응할 능력이 있다는 점을 입증하기 위해서일 뿐이다.

현대 자본주의가 비조직적이고 비생산적인데도 돌이킬 수 없는 결정적인 변화를 추구하게 된 데에는 더 근본적인 이유가 있다. 이것은 소비자 수요의 변덕스러움과 관련이 있다. 수요의 변덕은 유연한 체제, 생산의 유연 전문화라는 두 번째 특징을 만들어낸다.

유연 전문화

간단히 말해서, 유연 전문화란 더욱 많은 다양한 생산품을 더욱 신속하게 시장에 내보내는 것이다. 《제2차 산업 부문*The Second Industrial Divide*》에서 경제학자 마이클 피오레와 찰스 세이블은 유연 전문화가 이탈리아 북부 지역의 중소기업끼리 서로 유연한 관계를 유지하여 소비자의 수요 변화에 공동으로 신속하게 대응하는 등의 사례가 얼마나 큰 효과를 가져왔는지 설명한다. 때로는 경쟁하고 때로는 협조하는 이 회사들은, 항구적이라기보다는 잠정적으로 유지되는 틈새시장을 찾으려고 공동으로 노력했고, 제품의 회전 기간이 짧은 의류나 섬유류, 기계 부속품 등에 알맞은 생산 체제를 갖추었다. 이탈리아 정부도 생사를 걸고 치열하게 경쟁하기보다는 함께 혁신하고자 노력하는 이 회사들을 지원했다. 피오레와 세이블은 그들이 연구한 이 체제에 대해 "끝없는 혁신의 전략. 끊임없는 변화를 통제하는 것보다는 수용하는 것이 효과적"이라고 평가했다.[8]

유연 전문화는 포드주의에서 구현된 생산과는 정반대 모델이다. 자동차나 트럭을 생산하는, 다니엘 벨이 찾아낸 기다란 구식 조립 라인 방식은 이제 전문화된 개별 생산 공장으로 대치되었다. 자동화 산업에서 이러한 유연성을 채택한 여러 공장을 연구한 데버라 모랄레스는 근로자들에게 할당하는 업무를 매주, 아니 매일 시장 수요에 맞추어 혁신적으로 바꾸는 것이 얼마나 중요한가를 강조한다.[9]

유연 전문화에 필요한 구성 요소 역시 우리에게 이미 친숙한 것들이라는 점을 알 수 있다. 유연 전문화는 고도의 기술력을 갖춰야 실현할 수 있다. 컴퓨터 덕분에 산업과 관련된 기계들의 프로그램을 재편성하거나 합성하기 용이해졌다. 또한 유연 전문화를 통해 커뮤니케이션의 속도가 향상되어 각각의 회사는 즉각 활용할 수 있는 세계 곳곳의 시장 정보를 제공받게 되었다. 더욱이 생산의 유연 전문화에는 신속한 의사 결정이 요구되기 때문에 소규모 작업 팀에 더 적합하다. 대규모 관료주의 피라미드식 기업체에서는 본사의 최고위층까지 서류 결재를 거쳐야 의사 결정이 되므로 작업 속도가 느릴 수밖에 없다. 이러한 새로운 생산 과정에서 가장 중요한 요소는 외부 세계의 변화무쌍한 요구를 수용하여 업체 내부의 구조를 결정하는 능력이다. 이상과 같은 민감한 요소들은 돌이킬 수 없는 혼란스러운 변화에 적응하는 데 꼭 필요하다.

적어도 미국인들은 생산 혁신의 성공적인 사례를 이탈리아에서 가져와 제시했다는 점을 의외로 여길지도 모르겠다. 미국과 유럽의 회사들은 유연 전문화의 기술을 일본에서 상당 부분 배워 왔으면서도 미국식 경영 지침을 통해 종종 미국 경제가 다른 지역의 경제보다 더욱 유연한 것처럼 가르치기 때문이다. 사실 유럽이나 일본에 비해 미국은 정부의 간섭에서 훨씬 더 자유롭고, 학벌 위주의 결속이나 조합원 간의 결속력이 비교적 느슨하며, 혼란스러운 경제 변화를 견디는 국민의 의지가 남다르게 눈에 띈다(부록의 통계표 10 참조).

이러한 미국인들의 편견은 그들이 암암리에 유연한 체제가 경제적인 것에서뿐만 아니라 정치적인 것에서도 유래한다고 인식하기 때문에 생겨난다. 유연성에 관해 정치적, 경제적 적합성 여부에 의문이 제기되었고, 그러한 의문 때문에 오늘날 미국과 유럽 일부 지역에서 상반된 결론이 도출되고 있다. 과연 얼마나 많은 사람을 이러한 유연성에 순응하게 할 수 있을까? 또한 한계선이 있을까? 정부가 국민에게 나무와 같은 탄력성을 갖도록 하여 개인들이 이러한 변화의 힘에 부러지지 않게 만들 수 있을까?

유럽 일부 국가와 미국 사이의 상반된 결론과 관련하여, 프랑스의 은행가 미셸 알베르는 선진국 정치 경제를 '라인강' 모델과 '앵글로-아메리칸' 모델로 양분하여 설명한다. '라인강 모델은 네덜란드, 독일 그리고 프랑스에서 거의 1세기 동안 지속되어온 것으로, 노동조합과 경영자 측이 권력을 공유하며 정부의 복지 제도를 통해 근로자에게 연금, 교육, 건강 혜택 등 비교적 세심하게 짜인 사회 안전망을 제공한다. 라인강 모델은 이탈리아, 일본, 스칸디나비아 국가, 이스라엘 등에도 적용되었다.

이와 다른 '앵글로-아메리칸' 모델은 과거보다는 현재의 영국과 미국의 조건에 부합한다. 이 모델에서는 자유 시장 자본주의가 운신할 수 있는 폭이 훨씬 넓다. 라인강 모델에서 기업체에 대해 특정한 정치적 책임이 강조된다면, 앵글로-아메리칸 모델에서는 국가 관료주의에서 벗어나 독립된 상태에서 경제 상황에 대처할 것을 요구하기에 정부가 근로자들에게 제공하는 안전망이 느슨해진다.[10]

라인강 모델도 시장 경제에서 앵글로-아메리칸 모델과 마찬가지로 유연하고 단호하게 적용될 수 있다. 그 한 예로, 북부 이탈리아에서는 정부와 개인 기업체가 서로 화합하여 변화하는 시장 수요에 신속 적절하게 대응하고 있는데, 라인강 모델의 유연성을 보여주는 사례다. 몇몇 하이테크 산업의 경우에는 역동적인 연합체로 이루어진 라인강 모델의 치밀한 네트워크가 정부의 '간섭'에 대항하면서 경쟁사들과 힘겨루기도 하는 등 이중의 전투에 매달려야 하는 신자유주의적인 동종 업체들보다 소비자의 요구 사항에 더욱 잘 대응할 수 있다. 시장과 국가의 관계가 두 체제 사이의 실제적인 차이를 만들어 낸다.

앵글로-아메리칸 경영 체제가 노동 조직에서 더욱 변화를 추구하려 하고 그로 인해 약자가 어떤 대가를 치르든지 계속 밀어붙이는 데 비해, 라인강 체제는 힘없는 시민들이 고통받는다면 변화에 제동을 건다. 또한 라인강 모델은 정부의 관료주의적 간섭을 비교적 편안하게 받아들이는 반면, 앵글로-아메리칸 모델은 정부의 순수성이 입증되기 전까지는 늘 정부를 의심한다는 원칙하에 운영된다. 네덜란드 수상을 지낸 루드 루버스는 조금만 더 반항적인 국민성을 가진 국민이었다면 받아들이지 않았을 고통스러운 경제적 구조 조정이 가능했던 것은 정부에 대한 네덜란드 국민의 신뢰 덕분이라고 강조했다.[11] 그렇다면, '신자유주의'라는 상표('자유주의적'이라는 용어는 국가의 구속에서 벗어난다는 의식에 그 뿌리를 두고 있다)는 종종 앵글로-아메리칸 모델에 적용되고, 반면에 '국가 자본주의'는 라인강 모델에 해당된다고 볼 수 있다.

이러한 두 체제도 나름대로 여러 결함을 지니고 있다. 앵글로-아메리칸 체제는 실업률을 낮추기는 했지만 근로자 상호 간의 임금 격차 증대라는 불평등을 가져왔다. 현재 앵글로-아메리칸 체제에서 나타나는 부의 불평등은 참으로 실망스러운 현상이 아닐 수 없다. 경제학자 사이먼 헤드가 산출한 바에 따르면, 미국 노동 인구의 하위

80퍼센트는 인플레이션율을 감안하여 산출할 경우 주당 평균 임금이 1975년부터 1995년 사이에 18퍼센트 하락한 반면, 기업체 간부급의 급여는 세금 공제 전 금액으로 19퍼센트나 인상되었고, 더욱이 회계사가 세금 정산 과정에서 마술을 부린 후에는 66퍼센트 증가했다.[12] 경제학자 폴 크루그먼 교수는 몇십 년 전에는 부의 축적률이 매우 낮았으나 1979년부터 1989년까지 10년 사이에는 미국 상위 근로자 1퍼센트의 실수입이 두 배 이상으로 증가했다고 주장했다.[13] 영국의 경우, 《이코노미스트》의 계산에 의하면 최근 상위 20퍼센트 노동 인구의 소득은 하위 20퍼센트의 소득에 비해 20년 전에는 네 배가 많았으나 최근에는 훨씬 늘어나 일곱 배나 된다고 발표했다.[14] 미국 노동성 장관은 "우리 나라는 소수의 승자와 다수의 낙오자로 구성된 이륜 바퀴의 사회가 되는 과정에 있다"고 탄식한 바 있고, 미국 연방 준비은행 은행장도 불평등한 소득 구조가 "우리 사회에 주요 위협 요인"이 될 수 있다며 같은 의견을 피력했다.[15]

라인강 체제에서는 임금의 격차가 그다지 커지지는 않았지만, 실업률은 마치 저주를 받은 것처럼 높다. 최근 10년간 라인강 체제를 유지해온 세계 거의 모든 지역과 일본의 노동 시장이 침체를 겪고 있는 반면, 1993년에서 1996년까지 3년 동안 미국 경제는 거의 860만 개의 일자리를 만들어냈고, 영국의 취업 시장도 1992년부터는 호황이었다(부록의 통계표 2 참조).[16]

이러한 차이를 분석하면 하나의 단순한 사실이 드러난다. 어떤 사회에서 유연한 생산 형식은 그 사회가 보편 재화를 어떻게 규정하느냐에, 즉 어떻게 권력을 조직하느냐에 달려 있다는 것이다. 앵글로-아메리칸 체제에서는 정치적 제한이 부의 불평등을 제한할 정도의 역할을 하지는 못했지만 완전 고용을 이루게 했고, 반면에 라인강 체제를 적용한 국가들에서는 일반 근로자들에게 더 유리한 복지제도를 마련하느라 새로운 일자리 창출이 뒷전으로 물러났다. 그 사회가 어떤 이득을 추구하느냐에 따라 반대로 어떤 불리함을 견뎌야 하는지 결정된다고 볼 수 있다. '체제'라는 단어를 사용한 이유가 바로 여기 있다. 체제는 시장과 생산 활동이 이루어지게 하는 근원적 힘을 지칭하는 말이다.

중앙 집중이 없는 결집

유연한 체제가 지닌 세 번째 특징은 '중앙 집중이 없는 결집'이다. 유연한 체제가 활용하는 네트워크, 시장, 생산 등에서의 변화들은 자칫 모순되어 보일지 모르지만 중앙에 편중되지 않은 힘의 결집을 이루어낸다.

작업을 새롭게 조직하기 위한 요건 중 하나는 힘을 분산시키는 것, 다시 말해서 하위 조직에 있는 사람들에게 자신의 활동에 더욱 넓은 통제 권한을 부여하는 것이다. 뿌리 깊은 낡은 관료주의의 공룡을 제거하기 위한 방법이라는 관점에서 보면 이러한 주장은 물론 허세라고 느껴질 뿐이다. 그러나 새로운 정보 시스템은 작업 네트워크 어느 곳에 있는 직원이든 숨을 곳이 거의 없도록 통제할 수 있는 포괄적인 조직 도면을 고위 간부들에게 제공한다. 정보 관리 프로그램인 SIMS는 작업 과정에서 직원들이 바로 위 상사와만 관계하도록 하기 때문에, 상호 협의 과정을 대체하여 개개인을 보호한다. 비슷한 방식인 수직적 분산과 디레이어링도 결코 탈중심화하는 장치가 아니다. 유연한 힘들이 모인 지사들 안에 힘의 중심인 본사가 있듯이, 본사에 있는 누군가가 '바베이도스 지사'에 '트리니다드 지사'와 '과들루프 지사'가 하던 일을 맡도록 결정을 내린다. '바베이도스 지사'는 결코 스스로 업무를 더 맡으려 하지는 않기 때문이다.

소규모의 작업 팀이 여러 업무를 담당하여 경영에 지나친 부담이 발생한다면, 이는 애덤 스미스가 핀 제조 공장에서 제시한 노동의 끊임없는 분업화에 어긋나는 상황으로, 구조 조정을 실행하는 업체들에서 흔히 볼 수 있는 특징이다. 수만, 수십만의 피고용인을 거느리고 업무를 해내는 데는 강력한 힘을 지닌 명령이 필요하다. 그리하여 불평등의 경제학에 또다시 조직 내부에서 발생한 새로운 형태의 불평등하고 독단적인 힘이 추가되어 새로운 질서가 생긴다.

유연 전문화의 측면에서, 브랜드 있는 개인용 컴퓨터를 생각해보자. 그 컴퓨터는 전 세계에서 만들어진 부품들을 끼워서 맞춘 일종의 콜라주이며, 브랜드는 기껏해야 최종적인 조립 완성품을 대표할 뿐이다. 그 생산품은 글로벌 노동 시장에서 만들어졌고, 그 브랜드는 속 빈 기호와 같다고 하여, 그러한 생산 관행을 '할로윙hollowing'이라고 한다. 베넷 해리슨의 권위 있는 연구서《린 생산과 민 생산 *Lean and Mean*》에서는 이러한 종류의 상품에 위계질서의 힘이 얼마나 강하게 개입되어 있는지를 보여준다. 대기업은 그 휘하에 의존하고 있는 회사들을 재빠르게 재편성하고, 제품 판매 시기를 놓치거나 실패작을 생산하면 그 부담을 힘없는 협력 업체에 전가해 그들을 더욱 압박한다. 즉, 주변부에서 이루어지는 노동이 중심부 권력의 가장자리로 옮겨 오는 것이다.

해리슨은 이러한 불평등하고 불안정한 관계의 네트워크를 일컬어 '중앙 집중이 없는 힘의 결집'이라 부른다. 이러한 힘의 결집으로 조직의 위아래를 네트워크 내 여러 부분과 연결하여 재조직하는 힘이 부여된다. 이 경우 기업체 조직 내의 다양한 부서마다 수익 목표나 생산 계획을 설정해주는 것으로 그 조종이 시작되고, 조직의 각 부서에 적합한 업종이 지정되고 나면 각 부서는 그 목표를 어떻게 실현할 것인지 자유롭게 결정할 수 있다. 이 자유는 이론적으로는 그럴듯해 보이지만, 실제로 유연한 구조의 이상을 실현하기는 어려운 일이다. 대개 단위 부서들은 각각의 능력 범위를 초과하여 더 많은 생산이나 수익을 올리도록 압력을 받는다. 게다가 실제 공급과 수요가 이 구상을 실현하는 데 걸림돌이 되며, 이러한 한계에도 불구하고 조직의 고위 경영진들은 단위 부서에 더욱 무리한 압력을 가하는 것이 현실이다.[17]

해리슨이 설명한 힘의 체계를 이해하는 또 다른 방법은 구식 관료주의 질서에 도전한다고 해서 '덜' 관습적인 조직이라는 의미는 아니라고 말하는 것이다. 조직이란 단위 부서나 개인이 목표를 성취하도록 조정하기 위해 존재한다. 유연한 조직의 최고 경영진이라면 그 일을 어떻게 처리할 것이냐에 대해서는 관여하지 않는다. 특정 요구를 수행하는 시스템을 기획하는 일이 경영진의 몫이라면, 그 요구 사항을 스스로 판단하여 행하는 것은 단위 부서의 몫이다. '중앙 집중이 없는 힘의 결집'은 피라미드식 조직과 같이 명확하지는 않지만 조직 내 명령 전달 체계의 한 방식이다. 이때 조직 구조는 단순하지 않으며 오히려 '둘둘 말려 올라가는 형태'로 매우 복잡하다. '탈관료주의화'란 말이 오용되거나 잘못 이해되는 이유가 여기에 있다. 중앙 집중이 아닌 힘의 결집을 실천하는 현대 기업체 구조에서 최고위층의 관리 양상은 무형적이면서도 강력함을 특징으로 한다.

이와 같이 유연한 체제를 이루는 세 가지 요소가 서로 어떻게 조화를 이루는지 이해하기 위해서는 작업장 내에서 어떻게 시간이 조직되고 있는지 살펴보면 된다. 오늘날 유연한 기업체들은 '근무 시간 자유 선택제'라는 유동적 시간 일정을 실험적으로 채택하고 있다. 매달 바뀌지 않는 고정된 근무 시간 대신에 리코의 아내 재닛이 관리하는 경리 직원들처럼, 근무 날짜를 다양하고 개별적인 스케줄에 맞추는 모자이크형 근로 방식이다. 이 방식은 핀 공장의 단조로운 업무 구조와는 거리가 먼데, 표준적 정형성에 반기를 드는 현대 업무 구조의 진정한 이점이 바로 이러한 자유로운 근무 시간 조정이라 할 수 있다. 그러나 실제로는 '근무 시간 자유 선택제'가 다른 양상으로 진행되고 있다.

근무 시간 자유 선택제는 새로운 여성 인력이 직업 세계로 몰려들면서 생겨났다. 부르주아 계층의 여성들보다는 주로 엔리코의 아내 플라비아와 같은 가난한 여성들이었다. 최근 들어, 미국, 유럽, 일본의 상당수 여성이 중산층 노동자 대열에 들어섰으며, 자녀 출산 이후에도 직장을 떠나지 않는다. 하급 서비스직이나 생산 업무에 고용된 여성들을 포함하여, 1960년에는 미국 여성의 약 30퍼센트가 임금 노동 인력이었다. 1990년에 이르러서는 거의 60퍼센트가 임금 노동 인력이었고, 같은 시기 세계 선진 경제국의 전문직과 기술직 인력의 거의 50퍼센트를 여성이 차지했는데, 그 대부분은 전일 근무를 했다.[18] 이러한 현상은 여성의 개인적 욕망뿐 아니라 경제적 필요에 의한 것이었다. 즉, 중산층이 표준 수준의 생활을 영위하기 위해서는 성인 두 명의 임금에 해당하는 돈이 필요하기 때문이다. 그러나 이런 여성 근로자들에게는 유연한 근무 시간이 더 절실했다. 모든 계층 여성의 상당수가 파트타임 근로자며, 출산 후에는 전일 근무로 남는다(부록의 통계표 5 참조).

더 많은 중산층 여성이 노동 현장으로 진출하면서 파트타임뿐 아니라 전일 근무의 유연한 스케줄 관리라는 커다란 혁신이 일어났다. 이제 이러한 변화는 성별의 구분을 넘어서서, 많은 남성도 유동적 작업 스케줄을 가지게 되었다. 오늘날의 근무 시간 자유 선택제는 여러 방법으로 시행되고 있다. 미국 회사의 약 70퍼센트가 사용하는 가장 간편한 방법은, 근로자가 일주일 동안 해야 하는 일정 분량의 업무를 할당받으면 일주일 중 공장 혹은 사무실에 나와 근무할 시간을 근로자 스스로 결정하게 하는 것이다. 그와 달리 미국 회사의 약 20퍼센트가 사용하는 방법은 '압축된' 근무 스케줄 관리인데, 이 경우 근로자는 일주일 분량의 일을 할당받지만 이를 나흘 만에 끝내고 사흘은 쉴 수도 있다. 재택근무도 오늘날 16퍼센트 정도 사업체에서 선택적으로 시행하고 있는데, 특히 서비스, 판매, 기능 직종에 많으며, 인트라넷(컴퓨터 연락망) 발전에 따라 더 널리 실행되고 있다. 미국 중산층 백인 남녀는 공장 노동자나 라틴계 미국인 근로자보다 유연성 있는 근무 시간제를 선호한다. 근무 시간 자유 선택제는 주중 근무일을 잘 활용하면 혜택을 볼 수 있는데, 저녁 혹은 야간 근무제도 특정 계층에서 활용된다(부록의 통계표 6 참조).

그러나 근무 시간 자유 선택제가 스미스의 핀 공장에서의 반복적 일상에 얽매인 근로자의 경우보다 훨씬 큰 자유를 보장하는 듯 보이더라도, 역시 새롭게 짜인 또 다른 통제 방법일 뿐이다. 근무 시간 자유 선택제 때문에 근로자들은 달력상 공휴일에 반드시 쉴 수 있을지 알 수 없게 되었으며, 하급 피고용인에게 규정된 주당 총 근무 시간도 정확히 지켜지기 어렵게 되었다. 경영 분석가 로테 베일린은 유연한 스케줄 관리가 피고용인의 권리라고 할 수는 없지만 편익을 누리는 피고용인에게 혜택이 돌아간다고 주장한다. 업무를 차등 할당하고 임금 지급도 그에 따라 정확히 산출하기 때문이다. 이런 상황은 지금 미국에서 현실화되었으며, 다른 나라도 미국의 선례를 따르는 추세다.[19]

근무 시간 자유 선택제는 피고용인에게 편리한 것이기는 하지만, 피고용인을 업체의 치밀한 통제권 내에 있게 만든다. 근무 시간 자유 선택제 중 가장 유연한 것은 재택근무라 할 수 있는데, 고용주 입장에서는 큰 부담을 느끼는 게 사실이다. 고용주는 눈앞에 보이지 않는 근무자에 대한 통제력을 잃지나 않을까 걱정스럽고, 그들이 집에서 자유로이 시간을 허비하지나 않을까 불안해한다.[20] 그 결과, 관리 담당자를 통해 사무실에 나오지 않는 그들의 실제 작업 과정을 규칙적으로 통제한다. 즉, 근로자에게 정기적으로 사무실에 전화하도록 요구하기도 하고, 인트라넷을 통해 근로자를 모니터하며 통제하기도 하고, 이메일로 지시하기도 한다. 간혹 어떤 업체는 상표를 부착하는 등의 일을 하는 단순 작업 근로자에게조차 근무 시간 자유 선택제를 실시하며, 마치 고전적인 일당제 노동자에게처럼 '여기 일감 있으니, 당신이 하고 싶은 방식으로 일하되 완성해서 가져오기만 하면 됩니다'라는 간단한 지시만 내린다. 근무 시간 자유 선택제에서 근로자는 자신이 일하는 장소는 자유롭게 관리하지만, 작업 진행 자체에 대한 통제 권한은 없다. 지금까지 연구 결과에 의하면 사무실이나 작업장에서 근무하는 경우보다는 자유로운 장소에서 일하는 사람들이 종종 더 감시당하고 있다고 한다.[21]

즉, 근로자를 통제하는 방식이 직접 대면에 의한 감시에서 전자적 감시로 바뀌고 있다. 재닛은 동부 지역으로 다시 돌아가 더 유연한 직종을 구하면서 다음과 같은 사실을 알게 되었다. 시간을 미시적 단위로 관리하면 무척 신속하게 진행되기 때문에, 스미스의 핀 공장이나 포드주의와는 달리 시간을 전혀 통제받지 않는 듯 보이기까지 한다는 것이다. 다니엘 벨이 말하는 시간의 '측정 논리'는 이제 그 축을 괘종시계에서 컴퓨터 스크린으로 옮겼다. 일이 물리적으로는 탈중심화되었지만, 근로자에 대한 통제력은 예전보다 직접적이다. 재택근무는 새로운 체계의 최종 지점이라 할 수 있다.

테제: 사람들을 변화에 순응하게 하는 힘

그 힘은 관료주의의 개혁, 생산의 유연 전문화, 중앙 집중이 없는 힘의 결집 등이다. 즉, 리엔지니어링, 유연 전문화, 신자유주의가 변화에 순응하게 하는 힘이다. 유연한 변화의 본질은 과거와 단절하고 다가오는 것을 단호히 결정하여 돌이킬 수 없도록 개혁하는 것이다. 정형성에 대항해서 새로운 자유가 출연했다는 것은 기만적이다. 조직체와 개인의 시간이 과거의 철창에서 해방되었으나, 위에서 아래로의 새로운 통제와 감독의 휘하로 들어가게 되었다. 유연한 시간은 새로운 힘을 지닌 시간이 되었다. 유연성은 무질서한 듯 보이지만, 제약에서 벗어나는 자유는 아니다.

유연성에 대한 스미스의 계몽주의적 비전에 따르면 유연성은 사람들을 물질적으로뿐만 아니라 윤리적으로도 풍요롭게 한다. 그가 말하는 유연한 개인은 다른 사람을 향해 부지불식중에 동정심을 표출할 줄 아는 풍부한 감성을 지닌 사람이다. 이러한 매우 독특한 인간성 구조는 복잡한 현대 체제 내에서 힘을 행사하는 권력층 사람들에게서 나타난다. 그들은 자유로운 것 같지만, 그것은 비도덕적 자유다.

지난 몇 해 동안 나는 겨울마다 세계 정치 경제 지도자들의 겨울 회의에 참석하기 위해 스위스의 다보스 산악 휴양지에 머물렀다. 다보스는 알프스산맥을 끼고 난 좁은 도로로만 연결된 작은 마을로, 호텔, 상점, 스키 캠프들이 늘어선 중앙 도로를 중심으로 이루어졌다. 1929년 노벨 문학상을 받은 독일 작가 토마스 만의 장편 소설 《마의 산》의 무대가 바로 한때 폐결핵 환자들의 요양소로 사용되었던 이곳의 산중 호화 호텔이다. 그런데 오늘날 세계 경제 포럼이 열리는 주간 동안 다보스는 요양하는 시골 마을이 아니라 권력의 전당이 된다.

중앙 도로를 따라 회의장 앞에는 리무진들이 뱀처럼 늘어서고, 경호원, 경찰견, 금속 탐지기까지 등장한다. 마을에 모인 2천 명의 사람은 회의장 안으로 들어가려면 전자 안전 배지를 달아야 하는데, 그 배지는 단순히 불순분자의 입장을 막는 이상의 역할을 한다. 배지에는 전자 코드가 입력되어 있어서 전자 컴퓨터 시스템이 메시지를 읽고 보내 회의나 상담 업무를 볼 수도 있으며, 커피 라운지나 스키 슬로프 또는 특별한 만찬 모임에서도 자동으로 통용된다. 그리고 만찬 모임의 좌석 배열은 불시에 이루어지는 비즈니스 상담을 이유로 종종 서로 바뀌기도 한다.

휴양지 다보스는 글로벌 경제를 활성화하는 데 일조했다. 다보스 포럼 센터는 자유 무역과 과소비의 미덕을 극구 칭찬하는 옛 공산주의자들로 붐볐다. 신자유주의 시대에 미국의 우세한 역할을 상징이라도 하듯 회의는 영어로 진행되었고, 그곳에 참석한 대부분의 사람들이 영어를 상당히 잘했다. 세계 경제 포럼은 회의라기보다는 마치 궁정 의식과 같이 진행되었다. 그 궁정의 왕족들은 경청하는 것을 매우 좋아하는 거대한 은행이나 세계 유수 대기업의 수뇌들로 구성되었다. 발표자들은 투자나 대출을 얻기 위해, 또는 판매 유치를 위해 유창하고도 낮은 어조로 침착하게 연설했다. 다보스는 그러한 사업가들(대부분 남성)에게서 거액의 참가비를 받았으며, 오직 최고 위층만이 다보스에 참석했다. 그러나 회의장 내에는 눈 내리는 베르사유 궁전과 같은 외양에도 불구하고 어떤 종류의 두려움, 즉 '상류층의 테두리 연줄 밖으로 밀려날지 모른다'는 공포감이 맴돌았다.

다보스에서 돌아올 때 나는 한 사람의 관찰자로서 내 가족을 생각하면서 일종의 비애감에 젖었다. 내 가계는 주로 미국 내 좌파 계열이었다. 아버지와 삼촌은 스페인 내전에 참전했는데, 처음에는 스페인 파시스트 프랑코 정권에 대항하여 싸웠으나 전쟁이 끝날 무렵에는 공산주의자들에 대항해 싸웠다. 전투를 치른 후의 환멸은 미국 내 좌파 대부분이 겪은 내력이다. 혁명이 곧 임박한 듯 보이던 1968년, 나와 같은 세대의 청년들은 한껏 부풀려 간직해온 희망들은 포기한 채 대부분은 불안한 심정으로 쉴 곳을 찾아 실제적인 행동보다도 허풍스러운 말솜씨가 더 인정받는 중도 좌파라는 불투명한 구역으로 도피했다.

그런데 바로 그 승리자들이 여기 스위스의 스키 슬로프 위에, 스포츠 의상을 걸친 채 모여 있다. 내가 경험을 통해 배운 것이 한 가지 있다면, 그들을 단순히 배반자로 여기는 것은 극히 위험하다는 사실이다. 내 기질이 기존의 현실에 단순히 수동적 의구심만 품은 채 그냥 그대로 머물러 사는 것에 점차 순응해가기 시작할 때, 다보스의 회의장에는 활력이 넘쳐흘렀다. 다보스에서는 우리 세대의 특징이라고 볼 수 있는 대격변에 대해, 완고한 관료주의에 대한 공격과 글로벌 경제에 대해 토론하고 있었다. 다보스에서 만난 그들은 거의 모두가 지금의 부와 권력을 처음부터 지니고 살아온 사람들이었다.

그곳은 성취한 사람들의 왕국이었고, 그들은 자신의 성공이 상당 부분 유연성을 사업에 실천한 덕분이라며 그 공을 유연성에 돌렸다.

마이크로소프트의 대중적 이미지를 구현하고 있는 빌 게이츠 회장은 바로 이러한 다보스의 이념을 상징적으로 보여주는 다보스맨 Davos Man이다. 게이츠가 그 회의장에 모습을 드러내자, 다른 모든 주요 발표자의 경우에도 그러했지만, 설치되어 있던 여러 대의 초대형 스크린에 그의 모습이 동시에 비쳤다. 경제계의 거물인 그가 연설을 시작하자, 홀 구석 어디선가 전자 공학 전문가들이 투덜대는 소리가 들려왔다. 그들은 마이크로소프트 제품들은 사실 이류밖에 안 된다고 여겼다. 그러나 대부분의 경영자에게 게이츠는 영웅적인 인물이었다. 단지 그가 초대형 사업을 맨손으로 일구어냈다는 이유에서만이 아니다. 최근 인터넷의 무한한 가능성은 예측 불허라는 의견을 표명한 바 있는 그는 유연성을 지닌 제왕의 상징이었다. 게이츠는 편협한 부문에서 손을 떼고, 이제 자신의 거대한 경영 체제의 초점을 새로운 시장 가능성을 추구하는 쪽으로 재조직했다.

나는 어렸을 때 자수성가한 자본가들의 특성을 삽화로 묘사한 《어린이 레닌 문고*The little Lenin Library*》 전집을 읽은 적 있다. 그중 특히 기억에 남는 그림은 존 록펠러의 모습이었는데, 거대한 몸통은 기차 엔진과 유정탑을 움켜잡고 커다란 발로 힘없는 노동자들을 짓누르는 코끼리 형상이었다. 다보스맨도 탐욕스럽고 몰인정하기는 하지만, 그곳에 모인 첨단 기술계의 거물이나 벤처 사업 자본가 그리고 기업 구조 조정 전문가들을 록펠러처럼 단지 야수의 형상으로 표현하는 것은 부적합하다.

게이츠는 일에 대한 집착에서 자유로워 보인다. 록펠러가 유정탑, 건물, 기계, 철도 등을 장기간에 걸쳐 소유하고자 한 반면, 게이츠의 생산품은 거세게 쏟아져 나오기가 바쁘게 신속하게 사라져간다. 장기적 정착을 거부하는 것이 일에 대한 게이츠적 방식의 특징이다. 그는 우리가 하나의 특별한 직무에 스스로를 묶어 마모되기보다는 늘 전망이 좋은 네트워크망에 자신을 포진시켜야 한다고 설파한다. 누가 뭐라 해도 그는 냉혹한 경쟁주의자이며, 그의 탐욕의 증거는 공식적으로 기록할 만한 것이다. 그는 엄청난 재산 중에 눈곱만큼만 자선 단체나 공익 기관에 기부했다. 그러나 그의 유연함은 순간의 요구를 즉각 받아들이는 동시에 그가 이미 만들어낸 것을 제거해버리는 데서 입증된다. 그는 남에게 기부하는 재주보다는 차라리 내버리는 재주가 더 좋은 사람이다.

이러한 일시적 정착에 대한 거부는 유연성의 부차적 특성, 즉 분열에 대한 인내와 관용에 잘 맞물린다. 이전의 강연에서도 게이츠는 한 가지 독특한 조언을 건넨 바 있다. 그는 회의장에 모인 참석자들에게 첨단 기술 사업의 성장은 수많은 시험과 시행착오, 모순을 겪는 골치 아픈 일이라고 했다. 형식주의적인 구태의연한 방법에 얽매여 있는 것처럼 보이지만 자신의 회사나 국가를 위해 일관성 있는 '첨단 기술 정책'을 고안하기를 바라는 라인강 모델의 유럽 동료들에게 이 포럼에 참석한 다른 미국 기술 전문가들도 게이츠와 같은 주장을 피력했다. 성장이란 그렇게 고리타분한 관료주의적 계획으로는 이루어질 수 없다는 주장 말이다.

오늘날 경제적 상황이 자본가들을 많은 가능성을 동시에 추구하도록 몰고 가는 것인지도 모른다. 그러나 그렇게 하기 위해서는 현실적으로 인간성의 강인함이 요구된다. 즉, 무질서 속에서도 건재할 수 있는 자신감이라든가, 방향 상실 속에서도 번창할 수 있는 강인한 기질 등이 요구된다. 우리가 살펴보았듯이, 리코는 자신의 성공에 불가피하게 동반된 과거와의 사회적 단절로 정서적 고통을 겪었다. 그러나 진정한 승리자들은 분열 때문에 고통받지 않는다. 대신 그들은 동시에 많은 다양한 과제를 해결해야 하는 과업에 직면하여, 자극받아 다시 역전할 수 있는 변화를 위한 에너지를 충전하는 사람들이다.

자신의 과거와 단절하는 능력과 분열을 받아들이는 자신감, 이것이 다보스의 신자유주의에 진짜 정통한 인물들에게서 나타난 인간성의 두 가지 특성이다. 물론 그것들은 자발성을 고무하는 특징이긴 하지만, 그러한 자발성이 윤리적인 측면에서는 반드시 훌륭한 것이라고 할 수는 없다. 자발성을 고무하는 그러한 인간성은 유연한 체제 내의 하위층에서 일하는 사람들에게는 오히려 자기 파괴적인 원인일 수도 있다. 일반 근로자들이 유연한 힘을 구성하는 이러한 세 가지 요소를 다보스에 모인 사람들이 활용하는 규칙으로 구사한다고 하더라도, 그것은 오히려 그들의 인간성을 파괴하는 역효과만 낼 것이다. 이렇게 생각을 정리하면서, 나는 그 마의 산에서 내려와 보스턴으로 돌아왔다.

| 이해 불가능성 |

현대적 형태의 노동을
이해하기 어려운 이유

과거 일상적인 노동이 지배하던 체제에서는, 애덤 스미스가 정확히 보았듯이 노동자는 매일 자신이 일터에서 무슨 일을 해야 하는지를 분명히 알고 있었다. 그러나 유연한 체제에서는 노동자가 무엇을 해야 하는지가 불분명하다.

리코와 만나 이야기를 나눈 지 1년이 지난 후, 나는 25년 전 《계급의 숨은 상처》를 위해 자료를 모으려고 제빵사들을 인터뷰한 보스턴 제과점을 다시 찾았다. 그들이 미국의 계급을 어떻게 인식하고 있는지 묻기 위해서였다. 그들은 자신들이 중산 계급이라고 말하며 대부분의 미국인과 마찬가지로 사회 계급에 별로 신경을 쓰지 않는 모습을 보여주었다. 알렉시 드 토크빌 이래로 미국을 방문한 유럽인들은 그들이 받은 이와 같은 첫인상을 그대로 미국의 현실이라고 받아들인다. 심지어 몇몇은 미국 사회가 실제로 계급 없는 사회고, 최소한 미국의 생활 방식이나 신념을 놓고 보면 미국이 소비자 중심주의의 나라라고 추론해버린다. 그러나 시몬 드 보부아르를 비롯한 다른 부류의 유럽인은 미국인이 진정한 계급 차이가 무엇인지에 대해 구제 불능의 혼란에 빠진 상태라고 보았다.

25년 전 인터뷰한 사람들은 맹목적인 이들이 아니었으며, 비록 유럽적인 방법은 아니더라도 자신이 속한 사회 계급을 평가할 충분히 타당한 방법을 알고 있었다. 계급은 자아나 환경에 대한 개인적인 평가에 훨씬 더 깊이 관계한다. 이러한 부분에 초점을 맞추면 사람들 사이를 가르는 매우 분명한 선을 그을 수 있다.

예를 들어, 미국 패스트푸드점의 단골손님들은 서빙하는 종업원에게 영국의 음식점이나 프랑스 카페에서라면 도저히 용납할 수 없을 정도로 무관심하고 거친 태도를 보인다. 노동 계급은 인간적인 존재로서 주목할 만한 가치가 없다고 여기며, 따라서 자신이 노동 계급에게서 얼마나 멀리 떨어진 위치에 있느냐를 중요시한다. 개인주의에 사로잡힌 미국인들은 이런 형태로 신분을 구분할 필요가 있다는 점을 표현한다. 즉, 그들은 개인으로서 존중받기를 원한다. 미국에서 계급은 개인의 인간성과 관련해서 해석되곤 한다. 그래서 인터뷰한 제빵사 그룹의 80퍼센트가 "나는 중류 계급이다"라고 말한다. 이러한 답변이 나오는 것은, 제빵사들이 질문을 '당신이 얼마나 부자며 권세가 있느냐'가 아니라 '당신은 스스로를 어떻게 평가하느냐'라는 뜻으로 받아들였기 때문이다. 즉, 자기 생각에는 자신이 충분히 괜찮은 사람이라는 것이다.

유럽인들은 경제적인 면을 기준으로 계급을 나누지만, 미국인들은 종족이나 민족성을 위주로 객관적인 사회적 지위를 측정한다. 내가 처음 보스턴 제빵사들과 인터뷰했을 때, 그 빵집의 이름도 이탈리아어고 빵도 이탈리아식으로 만들고 있었으나 대부분의 제빵사는 그리스인이었다. 이 그리스인들은 같은 가게에서 기술을 전수받은 제빵사들의 후손이었다. 이 그리스계 미국인들에게 '흑인'은 '가난'과 동의어였고, 이 '가난'은 객관적인 사회적 위치를 개인적 특성에 전이하는 연금술을 거치면서 결국 '열등하다'는 말과 동의어가 되었다. 당시 인터뷰한 제빵사들은 의사나 변호사, 교수 그리고 그 외 특권층 백인 등 엘리트들이 열심히 일하는 중산층의 독립적인 미국인들을 배려하기보다는 소위 게으르고 복지 혜택에만 의존하는 흑인들을 훨씬 더 동정하는 데 격분했다. 이 격분은 상류층과 하류층 모두에게로 향한 적개심이었다. 인종적 적개심 때문에 불명료하기는 했지만 하여튼 계급 의식으로 발전할 가능성마저 무산되었다.

제빵사들이 가진 그리스 민족성은 또다시 그들이 사회적 구조에서 상대적으로 낮은 위치에 자리한다는 점을 스스로 깨닫게 한다. 그리스인들은 제과점 주인이 이탈리아인이라는 사실을 중시했다. 보스턴에 거주하는 많은 이탈리아인은 다른 소수 민족과 마찬가지로 가난했지만, 마피아의 도움을 받아 성장해 이주민 사회 속에서 하나의 공동체를 이루었다. 제빵사들은 그들 중 누군가가 사회적으로 상승할까 염려했고, 한편으로는 자녀들이 더 미국화되어 그들의 그리스계 뿌리를 잃어버릴까 봐 두려워했다. 또한 그들은 보스턴의 백인 앵글로-색슨 프로테스탄트들이 자신들처럼 이민 온 사람들을 멸시한다고 확신했는데, 어쩌면 현실적인 평가라고 할 수 있다.

계급 의식에 관한 전통적인 마르크스주의적 접근은 노동 과정,

특히 근로자들이 노동을 통하여 서로 어떻게 관련되어 있는가에 그 기초를 둔다. 제과점은 그곳에서 일하는 제빵사들을 의식적으로 결속시켰다. 어떤 측면에서 보면 스미스의 핀 공장보다는 디드로의 제지 공장과 더 닮았다고 볼 수 있는데, 빵 굽는 일은 제대로 습득하기까지 수년 동안 반복적 훈련을 요하는 발레의 훈육 과정과 같기 때문이다. 제빵실은 소음으로 가득 차 있고, 뜨거운 열기 속에 제빵사들의 땀과 이스트 냄새가 진동했다. 제빵사들의 양손은 줄곧 밀가루와 물로 범벅되어 있으며, 빵이 제대로 완성되었는지를 확인할 때는 눈으로 보는 게 부족해 냄새까지 맡아보아야 했다. 따라서 장인으로서 그들의 자부심은 대단했다. 그러나 그들은 자신의 일을 즐기지 않는다고 말했고, 나 역시 그럴 만하다고 생각했다. 종종 오븐에 데기도 하고, 도넛 반죽을 만드는 원초적인 노동으로 팔 근육이 땅기기도 하며, 야간에도 작업해야 하기 때문에 그들은 가족 중심적인 가치관을 가지고 있으면서도 일주일 내내 식구들 얼굴 한 번 제대로 못 볼 때가 많았다.

그러나 일에 대한 그들의 열성을 보면서, 그리스인이라는 민족적 연대 의식이 이러한 힘든 노동 조건에서도 발휘되어 훌륭한 근로자가 곧 훌륭한 그리스인이라는 의식을 더욱 빛나게 했다는 생각이 들었다. 훌륭한 노동과 훌륭한 그리스인을 동일하게 여기는 것은 추상적이지 않은 구체적 의미를 지닌다. 제빵 일의 변화무쌍한 작업 과정을 조정해나가기 위해서는 제빵사들 사이에 긴밀한 협조가 필요했다. 제빵사 중 두 사람은 형제였는데, 그들은 직업에 완전히 빠져 있는 것처럼 보였으며 둘 다 알코올 중독자였다. 어떤 사람들은 그 형제가 그리스인들의 공동체에서 동족을 곤경에 빠뜨리고 위신을 떨어뜨린다면서 비난하곤 했다. 훌륭한 그리스인이 아니라는 소리로 위협하는 것이 사람을 불명예스럽게 만드는 가장 효과적인 수단인 동시에 그들을 훈련시키는 수단이기도 했다.

엔리코와 마찬가지로, 이탈리아 제과점에서 일하는 그리스 제빵사들은 오랜 시간 동안의 경험을 조직화하는 일련의 관료주의적 지침을 가지고 있었다. 제빵업은 조상 대대로 지역 조합을 통해 전수받았으며, 임금 체제, 각종 혜택, 연금 체계 등을 조합이 엄격히 규정했다. 속이 훤히 들여다보일 정도로 빤한 제빵업자의 세계에서는 일종의 허구들이 요구되었다. 제과점의 첫 소유자는 원래 무척이나 가난한 유대인이었는데, 그는 이 제과점을 번창시킨 후 대중적으로 장사를 하는 어느 중규모 업체에 매각했다. 그런데 그 회사에는 이탈리아식 성을 쓰는 두 명의 부사장이 있었는데, 바로 그 때문에 사람들이 그 제과점의 주인을 마치 마피아인 듯 여겨 문제가 생기기 시작했다. 그들의 삶에 깊이 관여해온 지역 조합이 혼란에 빠져든 것이다. 독직을 일삼아온 조합의 간부들 몇 명은 구속되기 직전이었고, 연금 기금까지 모두 바닥났다. 더군다나 이 조합 간부들은 제빵사들에게 진정 필요한 것이 무엇인지를 잘 알고 있는 사람들이었다고 제빵업자들은 내게 전했다.

이러한 이야기들은 이 노동자 그룹이 좀 더 개인적인 언어로 자신들이 처한 상황(유럽인이라면 이 상황에서 계급이라는 것을 읽어내려고 할 것이다)을 자신들이 이해하기 쉽게 하는 방법 중 몇 가지다. 비하해서 평가할 때는 종족이라 부르고, 높이 평가할 때는 민족 또는

'우리'라고 부른다. 그러한 그들만의 특성은 제빵사 공동체 속에서 서로 협조적으로 공정하게 일하고, 작업장에서도 모범적으로 행동하는 모습으로 표출되었다.

리코와 만난 후 제과점에 다시 갔을 때, 나는 그 변화된 모습에 놀라고 말았다. 지금은 거대한 식품 업체가 그 제과점의 소유주가 되어 있지만, 그럼에도 대량 생산 체제로 전환되지는 않은 상태였다. 그곳은 피오레와 세이블이 말한 유연 전문화의 원칙에 따라 운영되었는데, 성능이 좋고 여러 용도로 이용할 수 있는 기계를 사용하여 빵을 생산했다. 보스턴의 시장 수요를 그때그때 맞춰 제빵사들이 하루는 프랑스식 바게트 1천 개, 다음날은 베이글 1천 개를 만들어낼 수 있을 정도였다. 제빵사들이 뜨겁게 달아오른 오븐의 열기 때문에 자주 기진맥진하곤 했던 제빵실에서는 이제 더는 달콤한 빵 냄새조차 나지 않았으며, 실내는 놀랍도록 서늘했다. 전과 달리 마음을 편케 해주는 형광 불빛 아래서 모든 것이 이상할 정도로 조용했다.

사회적인 면에서, 이제 이곳은 더는 그리스식 가게가 아니었다. 내가 알던 사람들은 이미 모두 은퇴했고, 몇몇 젊은 이탈리아 제빵사가 두 명의 베트남인과 늙고 허약해 보이는 와스프*의 히피족 한 사람, 그리고 민족 특성을 찾아보기 힘든 여러 사람과 함께 그곳에서 일하고 있었다. 더욱이 그곳의 이탈리아인 중에는 남자들만이 아니라 십 대를 갓 벗어난 여성과 장성한 자식을 둔 여성 둘이 포함되어

* 미국 사회에서 가장 영향력 있는 집단인 앵글로 색슨계 백인 신교도White Anglo-Saxon Protestant의 약어

있었다. 근로자들은 종일 들락거렸다. 여성들과 몇 명의 남성은 파트타임 근무자였고, 과거 밤에 하던 작업도 훨씬 더 유연성 있는 노동시간으로 신속히 대치되었다. 제빵사들의 연대 의식은 서서히 약화되어갔고, 그 결과 젊은 사람들은 조합의 규약에 구속받지 않는 유연한 스케줄에 따라 가변적인 기본 틀에만 맞춰 일했다. 과거 제과점 시절의 편견으로 볼 때 가장 놀라운 일은 그 가게의 현장 매니저가 흑인이라는 점이었다.

과거 그리스계 근로자의 관점에서 보면, 이 모든 것은 틀림없이 혼란스러운 일이다. 민족, 성별, 인종이 뒤섞인 이러한 잡탕식 구성은 과거의 관점으로는 도저히 이해할 수 없는 것이다. 그러나 계급을 그저 지위라는 개인적 카테고리로 바꾸어 해석하는 미국인 고유의 성향은 여전했다. 그 제과점에서 정말로 새롭다고 느낀 것은 엄청난 모순의 장면이었다. 고도의 기술과 유연한 작업 조건, 사용하기 편리한 시스템들, 이 모든 것에도 불구하고 근로자들은 그들이 작업하는 방식 때문에 개인적인 품위가 깎인다고 느끼고 있었다. 즉, 이러한 제빵사들의 낙원에서도, 일 자체에 대한 자신들의 반응을 스스로도 이해하지 못하는 상황이었다. 자동화된 작업 과정을 놓고 보면 모든 것이 명쾌했지만, 정서적으로는 모든 것이 불가해했다.

발레와 같은 고된 육체적 훈련을 쌓아야만 했던 과거 주방의 모습은 완전히 바뀌어서, 모든 제빵 과정이 컴퓨터로 처리되었다. 이제 제빵사들은 빵 재료나 반죽에 손가락 하나 댈 필요가 없다. 모든 제빵 과정, 예를 들어 오븐의 온도나 굽는 시간을 결정하려면 그에 관한 데이터를 뽑아 빵 색깔대로 만들어놓은 아이콘을 모니터에서 고르고 마우스를 클릭하기만 하면 됐다. 그렇게 하여 만들어진 빵 덩어리를 실제 눈으로 확인하는 제빵사는 거의 없었다. 컴퓨터에 떠 있는 작업 화면은 손쉬운 윈도우 방식이었고, 과거에 만든 것보다 훨씬 다양한 종류의 빵, 즉 러시아, 이탈리아, 프랑스 빵의 아이콘이 모니터에 떠 있어서 한 번 누르기만 하면 자동으로 만들어냈다. 빵 제조 공정이 화면상으로 디스플레이되고 있었다.

이러한 방식으로 작업하게 되자, 제빵사들은 더는 실제로 빵 만드는 방법을 알지 못했다. 게다가 제빵 자동화는 기술적으로 완벽하다고 할 수 있을 정도는 아니었다. 한 예로, 기계는 종종 오븐 속에서 빵이 부풀어 오르는 시간이나 정도에 대해 잘못된 정보를 제공했고, 이스트 발효에 대한 정확한 수치를 산출해내지 못하거나 빵의 실제 색상을 예측하지 못했다. 그럴 때마다 근로자들은 이러한 오류를 수정하느라 모니터 앞에 붙어 서서 시간을 보내는데, 문제는 그들이 기계를 고치지 못한다는 점이고, 더 중요한 것은 기계가 종종 고장을 일으킬 때 수동으로라도 장치를 조정하여 빵을 구워야 하는데도 그렇게 하지 못한다는 점이다. 프로그램 의존형 근로자들에게는 실제 손으로 훈련하여 얻은 지식이 없었다. 이렇게 보면, 그들은 자신들의 작업을 이해하지 못하고 있다.

게다가 제과점의 유연한 시간 스케줄이 작업의 어려움을 더욱 가중했다. 근로자들은 오븐에 말썽이 생기거나 자동화 과정에 문제가 생기면 집으로 가 버렸다. 그들에게 책임감이 없다는 이야기가 아니다. 유연하게 짜인 스케줄상 배정된 다른 일이 있다거나, 보살필 아이가 있다거나, 꼭 제시간에 가야 하는 다른 업무가 있기 때문이다. 컴퓨터화된 작업이 잘못되면, 망가진 빵 덩어리들을 내버리고 컴퓨터를 재프로그래밍하여 모든 것을 다시 시작하는 것이 더 쉬운 방법이기 때문이다. 과거 제과점에는 빵 쓰레기가 별로 없었지만, 요즘은 매일 엄청난 크기의 쓰레기통에 까맣게 탄 빵 덩어리들이 꽉 들어차 있다. 그 쓰레기통들은 제빵 기술에 어떤 일이 일어났는지를 보여주는 상징물처럼 보인다. 그렇다고 해서 진정한 장인 정신이 상실되고 있는 감상적 현실을 굳이 강조할 필요는 없다. 왜냐하면 생산 공정을 마친 빵의 품질은 열정적인 아마추어 요리사인 내 소견으로도 훌륭하다고 생각되며, 많은 보스턴 시민도 이런 의견에 분명히 공감하기 때문이다. 그 제과점이 보스턴에서 명성을 누리며 수익을 내는 현실이 이를 증명한다.

계급에 관한 옛 마르크스주의적 개념으로 본다면, 근로자들이 이러한 기능의 상실 때문에 스스로 소외감을 느끼고, 너무나 놀랍도록 변화된 작업장의 환경에 분개하는 것도 당연해 보인다. 관리직을 맡아 힘겹게 애쓰는 흑인 점장은 이 설명에 딱 들어맞는다.

로드니 에버츠, 앞으로 그를 이렇게 부르겠다. 그는 열 살 때 보스턴에 와서 전통적 방식으로, 즉 견습 직원에서 출발해서 영업점 점장이 될 만큼 숙련된 기술을 쌓은 제빵사였으며, 성공하기 위해 열심히 일한 자메이카 출신 이민자였다. 그는 이 자리에 오기까지 20년 동안의 세월을 분투했고, 인종 간 평등 규정의 배려에 따라 관리 직책을 맡았다. 과거 그는 매일 그리스인들의 싸늘한 시선을 견뎌내야 했지만, 분명한 결단성과 장점을 살려 자신의 길을 개척했다. 힘겨운 투쟁의 역사는 그의 몸에 나타나 있었다. 엄청난 비만에 스트레스성 대식가인 그와의 첫 대화에서 발효제 문화와 다이어트가 주제가 될 정도였다. 로드니 에버츠는 회사가 새로운 국면에 접어들자, 인종 차별이 덜 심하기 때문에 느슨해지는 관리 체제 변화를 오히려 기뻐했고, 제빵의 기술적 변화도 자신의 심장마비 증세에 덜 위험하다는 이유에서 환영했다. 그는 그리스인들의 사직서를 모두 접수했고, 대신 다양한 언어권의 인력을 고용했다. 사실 그는 지점 내의 거의 전 직원의 채용 업무도 맡고 있었다. 낮은 기술력과 약한 결속력이 직원들의 잘못이 아니라는 점은 이해하지만, 맹목적으로 일하는 직원들의 모습을 보면서 에버츠는 화를 내기도 했다. 채용된 근로자 대부분은 그 제과점에서 2년 이상 일하지 않았다. 젊고 결속력이 부족한 사람들은 특히 잠깐만 거쳐 가는 정도였다. 그는 이렇게 노조가 필요 없는 근로자들을 오히려 선호하는 회사도 못마땅해했다. 에버츠는 그들이 좀 더 나은 임금을 받는다면 더 오래 머무를 것이라고 확신한다. 그리고 회사가 낮은 임금 대신 제안하는 유인책으로 유연한 스케줄을 악용하는 것도 맘에 안 들었다. 그는 문제가 발생하면 모든 직원이 함께 가게에서 최선을 다해 처리하기를 원했다. 잘못 만들어진 빵이 차고 넘치는 쓰레기통을 보면서 그는 분개했다.

만약 이 가게가 근로자 소유라면 그 많은 문제를 해결할 수 있을 것이라는 그의 말이 내 마음에 깊이 다가왔다. 근로자들이 실제 빵 제조 과정에서 기술적 무능함을 드러낼 때마다, 그는 현실을 수동적으로 감수할 수밖에 없었다. 그가 직접 제빵 기술에 관한 자발적 세미나를 수 차례 열어주었으나, 영어를 거의 이해하지 못하는 두 명의 베트남인만 참석했다. 그러나 뒤로 물러나 꼼꼼히 관찰하는 그의 능력은 놀라웠다.

"당신도 이해하겠지만, 나는 초보 수련생일 때 흑인으로서 맹목적인 적개심을 갖고 있었어요."

독실한 성경 독자인 그는 말할 때 킹 제임스 성경의 어투를 약간 모방하는 듯했다.

"이제야 이곳이 '보입니다'."

사실 이러한 명쾌함은 오히려 휴머니스트인 마르크스가 소외에 관해 이야기한 것, 즉 불행하고 고립되었다는 의식이며, 그 의식은 그가 서 있는 현실과 그 자신의 위치를 드러내주었다.

영업점 점장이란 홀로 서 있는 존재다. 그 밑에서 일하는 사람들은 그 사람만큼 분명하게 스스로를 보지 못한다. 소외의 장소에서, 제과점에서 보내는 일상생활에 대한 그들의 태도는 무관심이 특징이다. 예를 들어, 처음에 제과점에 취업할 때는 작업 현장에서의 컴퓨터 활용이 필수 채용 조건이었다. 그러나 실제로 이미 만들어놓은 윈도우 프로그램 버튼만 누르면 되는 그곳에서 컴퓨터 활용 지식은 그다지 필요 없는 것이었다. "제빵, 제화, 인쇄, 뭐든지 말씀만 하세요. 그런 기술을 난 다 가지고 있으니까"라고 작업 현장에 있던 한 여자가 웃으며 말했다. 제빵사들은 자신이 아는 지식조차도 활용하지 못한 채 단순하고 산만하게 일하고 있다는 사실을 분명하게 깨닫고 있었다. 이탈리아인 제빵사가 이런 말을 했다.

"집에 가면 저도 진짜 빵을 굽죠. 전 제빵사니까요. 근데 여기서는 버튼만 눌러요."

그에게 에버츠가 마련한 제빵 세미나에 왜 참석하지 않았느냐고 묻자, 그가 이렇게 대답했다.

"그건 중요치 않아요. 난 이 일을 평생토록 할 건 아니니까요." 결국 사람들은 '난 진정한 제빵사가 아니다'라는 뜻을 계속해서 다른 말로 표현하는 것이었다. 자신이 하는 일에 주인 의식이 약한 사람들이 거기에 있었다. 빌 게이츠가 특정한 상품에 그다지 집착하지 않는 것과 마찬가지로, 현재의 신세대는 특정한 노동에 무관심하다. 즉, 자신의 직업에 대한 정체성은 미약하다.

그러나 일에 대한 애착심의 결핍은 심리적 혼돈과 짝을 이루게 마련이다. 여러 언어에 능통하고 유연한 인력일수록 사회에서 자신의 위치를 더욱더 분명히 인식한다. 그리고 전에 이곳에서 일하던 그리스인들과는 달리 현 직원들은 인종이나 민족주의적 척도를 별로 중요하게 여기지 않는다. 그들은 흑인 로드니 에버츠를 정식 책임자로서 확실히 인정하고, 그의 실제 능력에 걸맞게 그 권위를 평가한다. 제과점에서 일하는 여성 근로자들도 '페미니스트'라는 말을 들을 때는 불쾌감을 나타냈다. '당신은 어느 계급에 속하는가?'라는 25년 전과 똑같은 질문을 던졌을 때, 나는 그때와 똑같은 대답을 들었다. 중류 계급이라는 답변 말이다. 그사이 과거 그 대답 뒤에 숨어 있던 생각은 사라졌다(불어로 대화해야 했던 베트남인만큼은 이러한 일반화에 포함하지 않겠다. 그들의 공동체 결속력은 전에 이곳에서 일하던 그리스인들과 비슷했다).

만약 물질적 환경을 개인적 인간성의 문제로 전이하는 미국인들의 편견이 사라졌다면, 특정 일에 대한 애착심이 희박해지고 사회적 위치에 심리적 혼란을 겪는 것 정도는 참을 만하다고 생각했을 텐데,

그런 일은 실제 일어나지 않았다. 노동의 경험은 아직도 극히 개인적인 것으로 여겨졌다. 사람들은 자신의 일을 철저히 각자 자신에게 맞춰 개인적으로 해석한다. 25년 전, 그리스인 제빵사들에게 '당신은 무엇으로 존경받고 싶습니까?'라는 질문을 했을 그 답변은 단순했다. 좋은 아버지가 되는 것, 그다음은 좋은 근로자가 되는 것이었다. 그와 똑같은 질문을 지금 변화된 제과점의 스무 명쯤 되는 사람들에게 던졌다. 예전과 마찬가지로 성별과 나이에 상관없이 가정적인 대답과 함께, 좋은 일꾼이 되는 것도 여전히 중요시하고 있다는 점이 드러났다. 하지만 현대의 유연한 체제 속에서는 개인마다 기준이 달라 좋은 일꾼이란 무엇인지, 그 자질을 규정하기가 더욱 어려워 보인다.

빈약한 직업적 정체성이 그 제과점의 기술력에 영향을 주긴 하겠지만, 일반적으로 예상하는 것과는 다르다. 작업장의 기계는 모두 작동이 쉽고, 마치 가정용 컴퓨터 화면처럼 잘 구성된 윈도우에 선명한 아이콘이 배열되어 있었다. 영어를 거의 못 하고 바게트와 베이글의 기본적인 차이도 이해 못 하는 베트남인조차도 이 기계들을 잘 조작했다. 사용하기 편리한 믹서, 반죽기, 오븐 등에는 경제적인 합리성이 숨어 있었다. 즉, 이 기계들 덕분에 제과점에서는 기술자를 고용해야 했던 과거보다 저임금의 노동자를 고용할 수 있는 것이다. 하긴 지금은 기계 덕분에 모두가 형식적인 고급 기술 자격을 갖고 있는 셈이지만 말이다.

빵을 만드는 사람들이 스스로를 제빵사라고 여기는 데 심리적 혼란을 겪는 이유는 바로 제과점 자체의 '이용자 편의성'을 통해 부분적으로 설명할 수 있다. 장인적 세공에서부터 음식 서빙에 이르기까지 모든 형태의 일에서 사람들은 자신의 도전 심리를 자극하는 일, 즉 힘들게 느껴지는 일과 자신을 동일시하는 경향이 있다. 그러나 이러한 유연한 작업장에서는 여러 나라 말을 쓰는 근로자들이 불규칙적으로 들락거리고 매일 다른 주문들이 들어오는 상황에서 오직 기계만이 진정한 주문의 표준이 되기 때문에 누구라도 작동하기 쉬워야 한다. 즉, 유연한 체계에서 복잡하고 어려운 일은 좋지 않은 결과를 가져온다. 그러나 그 뒷면에서는 어려움과 저항을 겪지 않게 되면서 사용자로서 비판 능력을 상실하고 무관심한 행동을 하는 상황이 벌어진다.

이와 관련해서, 나는 다행스럽게도 그 제과점에서 도넛 반죽 기계의 퓨즈가 끊어지는 사고가 났을 때 일어난 상황을 직접 관찰할 수 있었다. 도넛 반죽 기계가 아무리 사용하기 쉽다고 해도 그 설계는 매우 복잡하며, 컴퓨터 작동 시스템에 대해서도 산업 디자이너라면 명쾌하다기보다는 불명료하다고 판단할 것이다. '이용자 편의성'이라는 말에서 '편의성'이란 일방적으로 각색된 표현이다. 그날 퓨즈가 나가자, 제과점에서는 곧 그 기계를 제작한 회사에 전화를 했고, 사람들은 서비스 직원들이 오기까지 두 시간이나 아무 일 없이 앉아 있었다.

드디어 기계가 작동하기 시작하자 시무룩하던 근로자들은 짜증을 냈다. 전에도 간혹 있던 일이지만, 작업 현장에 있는 누구도 그러한 불명료한 시스템의 문제점을 해결할 능력이 없을뿐더러, 원리를 이해하는 사람조차도 없었다. 제빵사들이 문제가 처리되어야 한다는 기본적인 사실에 무관심한 것은 아니었다. 그들도 도움이 되기를 원했고 일을 제대로 처리하고 싶었지만, 할 능력이 없었다. 맥도날드 근로자들에 대한 연구에서, 인류학자 캐서린 뉴먼은 이와 같이 기계적인 어려움에 봉착하게 될 때, 기술이 없는 근로자일지라도 그들이 즉각 정신을 집중하여 그 기계가 작동하도록 온갖 기술을 다 동원한다는 사실을 밝힌 바 있다.[1] 제빵사들도 이렇게 대응해야 한다고 느꼈지만, 그들은 기계의 공학적 문제에 대처할 만한 능력을 갖추지 못했다.

물론 기계를 타박하는 것은 부조리하다. 기계란 특정한 방법으로 작동하도록 고안되고 조립되어 있다. 회사 입장에서는 빵 쓰레기나 고장을 비즈니스 비용의 일부로 계산하므로 큰 문제가 아니었다. 고차원적인 기술이 필요한 일에도 컴퓨터가 쓰이면서 많은 작업의 내용이 더 풍요로워졌다. 스탠리 아로노비츠와 윌리엄 디파지오는 오토캐드 혹은 컴퓨터 디자인의 파급 효과에 대한 연구 보고에서, 뉴욕시를 위해 일하는 많은 민간 엔지니어와 건축가의 작업을 놓고 볼 때 이러한 테크놀로지의 활용이 긍정적인 성과를 거두고 있다는 점을 밝혔다. 손으로 제도하던 사람들은 화면상에서 유연성 있게 교묘히 다루어지는 이미지들이 펼치는 가능성에 흥분했다. 어느 건축사는 이렇게 말했다.

"처음에는 단지 초벌 그림이나 그리는 기계일 것이라고 생각했다. 그러나 놀랍게도 그 그계는 어떤 설계도든 맘대로 나누고, 정교하게 조정하도록 해준다. 늘려볼 수도 있고, 위치를 옮길 수도 있으며, 한 부분만 잘라서 볼 수도 있다."[2]

이러한 기계의 용도는 높은 수준의 사용자들에게 기계의 사용을 다시 한번 생각하도록 자극한다.

그러나 기계 사용의 긍정적인 면만을 강조하여 유연성 때문에 흔히 발생하는 노동자의 애착심 결여나 감정적 혼란 등 부정적 측면을 배제하는 것은 부조리하다. 왜냐하면 현대 자본주의가 낳은 유연성이라는 새로운 도구는 과거의 기계적 발명품보다 훨씬 더 지능적이기 때문이다. 유연성이 지닌 지능은 사용자들의 지능을 대체할 수 있고, 애덤 스미스가 염려한 정신적 집중이 필요 없는 정형화된 노동의 악몽을 새로운 방식으로, 극단적으로 실현한다. 캐드가 처음으로 MIT의 건축학 프로그램에 사용되었을 때, 한 건축가는 이런 이야기를 했다.

"현장도를 그릴 때, 그 형태를 그리고 선이나 나무들을 넣는 과정에서 현장의 이미지가 머릿속으로 스며든다. 컴퓨터로는 불가능한 방식으로 현장을 파악하게 된다. (…) 컴퓨터가 우리 대신 '재생'해준 것에 의해서가 아니라, 현장을 직접 더듬어보고 재고했기 때문에 그곳의 지형을 알아낸 것이다."[3]

마찬가지로, 물리학자 빅토르 바이스코프는 컴퓨터화된 실험 도구만 가지고 공부하는 학생들에게 이렇게 말했다.

"너희가 연구 결과를 내게 보고할 때, 컴퓨터가 그 답을 이해한 것이지 너희가 이해한 것은 아니다."[4]

사고 행위와 마찬가지로, 기계를 사용하는 지능은 자기 비판적이라기보다는 조작적인 지능이라는 점에서 우둔한 지능이다. 기술 분석가인 셰리 터클은 아동용 시뮬레이션 게임 '심시티'를 어떻게 하면 잘할 수 있는지와 관해 두뇌가 명석한 어린 소녀와 인터뷰한 적이 있다. 그 게임에서 가장 효과적인 규칙 중 하나는 '세금 인상은 항상 폭동을 불러일으킨다'[5]는 것이었다. 그 소녀는 왜 세금 인상이 폭동을 일으키는지에 의문을 갖지 않았고, 단지 이 규칙을 잊지 않으면 게임을 쉽게 할 수 있다는 사실만 알고 있었다. 오토캐드에서도 대상물의 극히 일부분만을 구성해서 입력하면 즉시 완전한 모습이 화면에 나타난다. 확대, 축소하거나 거꾸로 했을 때의 모습뿐 아니라 뒷면의 모습이 궁금하면, 몇 번 키만 두드리면 모두 보여주었다. 그러나 그 이미지가 과연 좋은지 아닌지는 말하고 싶지 않다.

보스턴 제과점에서 내가 접한 직업에 대한 애착심의 결여와 심리적 혼란은 유연한 작업장에서 컴퓨터라는 특수한 자산을 사용하는 사람들이 보인 반응이었다. 저항이나 어려움이 정신적 자극의 중요한 원천이고, 또 우리가 뭔가를 애타게 알려고 투쟁할 때 더 잘 알게 된다는 점은 보스턴 제과점에서 일하는 사람들에게는 그다지 큰 흥밋거리가 아니었다. 이러한 진리는 그들에게 전혀 영향을 미치지 않았다. 그 제과점의 생산 과정에서는 어려움과 유연함이 반대 입장이다. 일이 뜻밖에 중단되자 제빵사들은 갑자기 자신들의 일을 스스로 처리할 능력이 없다는 사실을 깨달았고, 이러한 생각은 그들의 직업의식에 영향을 주었다. 그 제과점에서 일하는 여성 노동자가 "제빵, 제화, 인쇄, 뭐든지 말씀만 하세요"라고 말한 것을 곱씹을 필요가 있다. 그녀에게 기계는 쉽고 친근하지만 그녀는 계속해서 자신이 제빵사는 아니라고 말했다. 이 두 가지는 밀접한 관계가 있다. 즉, 그녀는 자신의 일을 피상적으로만 이해했고, 따라서 직업의식도 희미했다.

과거에는 사람들을 몇 개의 사회적 계급으로 분류했는데, 현대에 와서는 일반적으로 개인의 정체성이 더욱 유동적이라고 본다. '유동성'은 적응성이라는 의미가 될 수도 있다. 그러나 일련의 연상 작용을 거치면, 유동성에는 용이함이 함축되며 유동적인 행동에는 장애물이 없다는 전제가 필요하다는 사실을 알게 된다. 어떤 것이든 사용하기 쉽도록 만들어지면, 내가 묘사한 노동들에서와 마찬가지로 사용자는 연약해진다. 스스로가 하는 일에 대한 이해가 부족하면, 일에 대한 연계나 열정은 피상적인 것이 된다.

애덤 스미스를 고뇌하게 만든 딜레마가 바로 이런 것이었을까? 내 생각은 그렇지 않다. 핀 제조 공장의 근로자들에게는 감추어진 것이 하나도 없었다. 그러나 제과점의 근로자들에게는 많은 것이 숨어 있다. 사람의 일은 매우 분명하지만 모호하기도 하다. 유연함은 표면과 심층 사이에서 또 하나의 새로운 특징들을 창출한다. 유연함에 대한 능력이 떨어지는 사람들은 계속 표면에 머물 수밖에 없다.

과거 그리스인 제빵사들의 일은 육체적으로 크게 힘들었고, 아무도 그런 힘든 노동이 되풀이되기를 원하지 않았다. 그럼에도 민족적 결속력 덕분에 그들에게는 노동이 결코 피상적인 것이 아니었다. 하지만, 현재 보스턴에서는 그러한 공동체적 결속이 아마도 별 영향을 주지 않을 것이다. 지금 중요한 것은 결속력을 대신해서 등장한 유연성, 유동성과 표면성의 연계다. 그래서 글로벌 상품 광고의 번지르르한 겉모습이나 단순한 메시지들은 우리에게 이미 낯익은 것들이고, 사용자 편의 지향적이다. 그러나 표면과 심층을 똑같이 절반씩 나누면 사용하기 쉬우면서도 한눈에 파악할 수 있을 정도로 심오한 논리를 숨기지 않는 유연한 생산 과정이 눈에 띌 것이다.

사람들은 자기 자신 주변의 세상사를 읽는 데서도 이와 똑같은 식으로 표면성 때문에 고생한다. 그리고 계급 없는 사회의 이미지, 즉 말하고 입고 보는 일상적인 것들도 더욱 심오한 차이점들을 숨기는 데 일조하고 있다. 모든 사람이 같은 얼음판 위에 서 있을 때, 한 사람만 규약을 위반해도 그 얼음 표면은 전부 부서질 것이다. 따라서 사람들이 스스로를 다루기 쉽고 즉각적이라서 유연하다고 판단하는 것만큼이나 자기 자신을 모르고 하는 소리도 없을 것이다.

일에 대한 불투명한 표면성은 다보스 회의장의 열성적인 참여와는 대조적이다. 유연한 체제에서라도 사회와 자기 자신을 리스크*의 감행이라는 특별한 행동을 통해 '이해'하려고 시도할 수는 없다.

* 행위의 결과가 타인이 아니라 자신에게로 돌아온다는 점에서 'danger'와는 다르다.

| 리스크 |

혼란과 침체를 불러오는 리스크

트라우트 바Trout Bar가 문을 닫을 때까지 나는 맨해튼 남부에서 긴장을 풀고 싶을 때면 그곳을 자주 애용했다. 소호 지역의 오래된 공장 지대에 위치한 트라우트 바는 그럴싸한 곳은 못 되었다. 반지하여서 창밖을 내다보면 누군지 알 길 없는 행인들의 신발과 발목까지만 바라보게 되는, 어찌 보면 민주적인 전망을 지닌 곳이었다. 그 왕궁의 주인 이름은 로즈였다.

고등학교를 갓 졸업한 그녀는 남자들이 모자를 쓰고 다니던 시절에 펠트 모자 제조업을 하는 중년의 남자와 결혼했다. 30년 전 사람들이 그렇듯, 그녀는 결혼하자마자 곧 두 아이를 낳았다. 그러고 나서 얼마 안 되어 남편은 세상을 떠났고, 로즈는 그가 하던 사업을 처분하여 트라우트 바를 인수했다. 뉴욕에서 바를 성공적으로 운영하는 방법은 두 가지인데, 열성적인 태도로 일하든가 아니면 냉담한 자세를 유지하는 것이다. 주로 삶에 싫증 난 부자들 또는 이 도시의

'스타일'을 엿보기 위해 지나가는 뜨내기 인구들을 유인해 들이려면 첫 번째 방법을 썼고, 고정적인 단골손님을 포섭하려면 두 번째 방법이 적합했다. 로즈는 확신을 가지고 나중 방법을 택했고, 트라우트는 손님으로 북적댔다.

트라우트의 음식은 까탈스럽지 않은 무덤덤한 사람들이 먹을 만한 것이었다. 요리사인 에르네스토와 마놀로는 열의 성질을 제대로 이해하지 못해서, 치즈버거를 퍽퍽하고 가죽같이 질기게 요리해 예리한 나이프를 사용하지 않으면 안 될 상태로 만들어놓곤 했다. 그러나 에르네스토와 마놀로는 로즈의 '놀이 친구'였다. 로즈는 그들과 농담하고 큰 소리로 이야기했고, 그들 또한 그녀에게 스페인어로 무례한 농담을 던지곤 했다. 그러나 바의 프런트 바깥쪽 풍경은 달랐다. 사람들은 혼자 있고 싶을 때 이곳을 찾는다. 내 생각에, 어떤 대도시에든 이곳과 같이 쉴 만한 오아시스가 있는 것 같다. 트라우트에는 모든 연령층에 통용되는 규칙 같은 것이 있었고, 나 역시 그 규칙에 따라 그들과 친교를 맺을 정도로 친밀하지는 않은 상태에서 그저 끝없이 대화를 나누었다.

사실 로즈는 고지식한 뉴욕 토박이지만, 뉴욕의 보헤미안들이 선호하는 '인간성'을 지닌 듯했다. 커다란 각진 안경을 써서 눈은 더 커 보였고, 그 때문에 그녀가 고민하는 게 다 드러나는 듯했다. 가끔 섞여 나는 콧소리는 문득문득 대화를 끊어지게 했다. 그러나 그녀의 실제 인간성은 이러한 겉모습 뒤에 숨겨져 있었다. 언젠가 내가 그녀에게 민감하고 지적이라고 말하자, 그녀는 코웃음을 쳤다. 문제는 그녀가 이웃 블록에서 찾아온 실직 상태의 연기자, 따분한 작가, 우둔한 사업가들에게 커피와 술을 나르면서 전혀 보람을 느끼지 못한다는 것이었다. 그녀에게 닥친 중년의 위기였다.

몇 년 전 그녀는 그동안 지켜온 안락하고 수익도 좋은 트라우트를 벗어나기로 결심했다. 논리적으로 볼 때, 변화를 가질 시기이긴 했다. 딸 하나가 결혼했고, 다른 딸은 마침 대학을 졸업했다. 로즈는 여러 번 주류 전문 광고 대행사의 부탁으로 술 판매에 관해 그 회사 사람들의 자문에 응해주곤 했다. 그녀는 그들과의 대화 중에 그 회사가 기울어가는 스카치나 버번위스키 같은 강한 종류의 주류 시장을 다시 활성화하기 위한 판촉 캠페인 프로젝트에 참여할 사람을 2년 계약으로 뽑는다는 사실을 우연히 알게 되었다. 마침내 그녀는 기회를 포착하고, 그에 응모해 채용되었다.

뉴욕은 광고업의 국제적 중심지이기 때문에 뉴욕 사람들은 이미지 사업체에서 일하는 사람을 쉽게 알아본다. 미디어 업계 종사자들은 착실한 공무원 같은 인상을 주는 옷보다는 부유한 예술가의 차림새(검정 실크 셔츠, 검정 양복 등 값비싼 옷)를 선호한다. 이 업계에 종사하는 남녀는 모두 점심 식사와 술자리, 갤러리나 나이트 클럽의 댄스파티 등 사교 네트워크 속에서 성장한다. 한 PR 전문가는 뉴욕의 미디어 사업에서 정말 중요한 사람들은 겨우 500명 정도뿐이라고 말했다. 그들은 오고 가면서 그나마 눈에 띄기 때문에 드러난 것이고, 다른 수천 명의 사람들은 시베리아 같은 척박한 사무실에서 고생하고 있다. 엘리트들의 네트워크는 밤낮으로 그 도시를 떠돌아다니는 루머의 고압 전류를 소위 말하는 '버저 소리buzz'로 조작한다.

로즈에게 새 직장은 날개를 펼치기에 좋은 환경이 아니었다. 그러나 어떤 새로운 일을 하지 않는다면, 당시 그녀의 인생은 마치 다해진 양복처럼 후줄근해 보이는 상황에 처할 수도 있었다. 로즈는 작은 사업주로서 노하우를 가지고 자신에게 다가온 기회를 잡았고, 만약 성공하지 못할 경우를 대비해서 트라우트 바는 팔지 않고 매니저를 뽑아 경영을 맡겼다.

트라우트 바는 로즈가 떠나고 난 후 여러 가지 규칙이 달라지면서 심각한 매출 감소로 고통받았다. 새로 온 매니저는 전혀 인간미가 없는 냉혹한 사람이었다. 그녀는 실내용 화초를 죽 늘어놓아 창문을 가렸으며, 단골손님들이 오랫동안 즐겨 찾던 기름진 땅콩 대신 살사 음악과 그 밖의 강장 식품을 내놓았다. 그녀는 캘리포니아 문화를 연상케 하는 무딘 감성과 건강 우선주의가 혼합된 인간성의 소유자였다.

그러나 1년 후 로즈가 트라우트로 돌아왔다. 창을 꽉 막았던 화초들을 치우자 다시금 시원스레 걸어 다니는 발이 보였고, 기름진 땅콩도 되돌아왔다. 일주일 동안 그 캘리포니아 여인은 거세게 반발하며 따지다가 결국 나가 버렸다. 우리는 물론 안도하긴 했지만 한편으로는 궁금했다. 처음에 로즈는 "주식회사에서는 진실한 돈을 벌 수 없어요"라는 실직 연기자들에게나 어울리는 말을 했을 뿐이었다. 내가 보기에, 로즈는 별 특징이 없고 속내를 드러내지 않는 인간성의 소유자였다. 다시 돌아오고 나서 몇 주 동안 그녀는 자주 "교활한 시골뜨기들"이라는 험악한 말을 하곤 했다. 그러던 어느 날 그녀가 난데없이 "전 그때 제정신이 아니었어요"라고 말했다.

언뜻 생각하기에 로즈가 생각보다 일찍 돌아온 이유는 문화적 쇼크 때문인 것 같았다. 그녀는 날마다 성공과 실패, 이익과 손해를 따지는 광고 회사와는 분위기가 다른 작은 규모의 바를 경영하는 데 익숙했다. 비록 인간의 성공과 실패를 처리하는 것이 광고 회사의 일이었지만, 그녀는 신기하게도 잘 해냈다고 한다. 그런데 어느 날 갑자기 트라우트로 다시 돌아온 그녀는 내게 그 광고 회사에서 성공한 사람들에 대해 '이상한 점' 한 가지를 말해주었다. 광고 분야에서 성공하는 사람들은 반드시 야심 찬 사람일 필요는 없는데, 왜냐하면 어차피 모두가 무언가에 쫓기는 신세이기 때문이라는 것이었다. 그리고 진정 성공적인 사람은 문젯거리를 다른 동료들에게 떠넘기고 그 골칫거리를 잘 피해 다니는 사람일 거라고 했다. 즉, 성공은 회계 감사의 최종 결산에 걸리지 않도록 피할 수 있는지에 달렸다는 것이다.

"아무것도 자신에게 걸리지 않도록 하는 게 그 요령이에요."

분명 모든 기업에는 결국에 가서 손익을 따지는 최종 결산이 있게 마련이다. 그런데 로즈를 놀라게 한 것은, 그러한 결산 평가에서 한 개인의 과거 실패 기록이 교제술이나 조직 관리 기술보다 고용주에게 덜 중요시된다는 점이었다.

실제로 업무 수행 결과를 평가할 때 그녀도 그런 기준으로 평가되었다. 그녀는 그 회사와 2년 계약을 했지만 "그들은 언제라도 저를 고용했다가, 언제라도 내보낼 수 있다고 확인하더군요"라고 말했다. 다행히 그녀에게는 트라우트 바가 남아 있었기 때문에, 회사의 그러한 분위기가 치명적인 위협이 되지는 않았다. 그러나 내심 미묘한 감정을 느꼈다. 그녀는 항상 시험대에 선 기분이었고, 자신이 어디에 서 있는지 모를 정도로 혼란스러웠다고 한다. '아무것도 당신에게 걸리지 않게 하라'에 요구되는 트릭이라면 트릭이라고도 할 수 있는 그런 것은 별개로 하면, 일을 잘하고 있는지 객관적으로 측정할 방법이 없었다. 그리고 로즈는 개인적인 실험을 하는 중이었는데 이것이 그녀를 특히 혼란스럽게 만들었다. 그녀는 커다란 금전적인 성공을 얻고자 이 세계에 들어온 것이 아니었다. 오직 흥미 있는 일을 하기 위해 내디딘 발걸음이었다. 그러나 1년이 지나자 그녀는 내게 이런 말을 했다.

"난 어디에도 맞지 않는 것 같아요. 그걸 몰랐어요."

이와 같은 이해하기 힘든 유동적 상황에 처하면 사람들은 일상의 작은 일에 집중하여 세부적인 디테일에서 어떤 의미를 찾으려고 하는데, 이는 마치 고대의 성직자들이 제물로 바친 희생물의 내장을 연구하여 어떤 징후를 찾으려는 것과 비슷한 방식이다. 아침에 보스가 어떻게 인사했는지, 누가 레몬 보드카를 마시자고 초대했는지, 누가 나중에 저녁 식사를 하자고 했는지, 이러한 것들은 실로 사무실에 어떤 일이 일어날 것인가에 대한 징후들이다. 로즈는 이러한 사소한 매일의 일상적인 불안을 견뎌낼 수 있었다. 그녀는 지금껏 내가 만난 사람 중 가장 강인한 여자였다. 그러나 광고 회사의 겉만 번지르르한 망망대해에서 떠다니지 않게 붙들어줄 닻이 없다는 생각이 그녀를 괴롭혔다.

그에 더하여 로즈는 광고 회사에서 그녀가 다른 삶을 향해 도박을 하게 만든 과거 경험들에 대한 씁쓸한 진실 하나를 배웠다. 그녀와 같은 중년층은 죽은 나무토막 취급을 당했고, 그들의 축적된 경험은 거의 인정받지 못한다는 사실에 대한 깨달음이었다. 사무실에 있는 모든 것은 순간적인 것에, 금세 깨져버릴 것에, 구부러질 것에 초점이 맞추어져 있었다. 누군가가 "제가 알게 된 것을 말하자면, 바로……"라고 말하기 시작하면, 광고 회사의 모든 눈은 관심 없다는 듯 흐릿해진다.

로즈와 같은 중년층이 어떤 새로운 일을 위해 모험을 하려면 용기가 필요하다. 그러나 그녀가 서 있는 곳에 대한 불확실성은 그녀가 살아온 경험에 대한 부정으로 연결되어, 결국 그녀의 정신력을 좀먹는다. 그녀가 트라우트로 돌아가기로 결심한 순간 '변화', 기회', '새로운' 등의 말이 허공에 울렸다. 모험을 감행하려는 그녀의 의도가 의외였고 그 광고 회사 역시 의외로 유동적이고 피상적이었지만, 그녀의 실패는 유연한 세계 속에서 제대로 방향을 잡기가 얼마나 어려운지를 보여주는 일반적인 사례다.

다양한 환경 속에서 리스크를 감행하는 것은 자신의 인간성을 테스트하는 아주 의미 있는 경험이 될 수도 있다. 19세기의 소설에서, 스탕달의 주인공 쥘리앵 소렐*이나 발자크의 주인공 보트랭**은 큰 도전을 감행하여 자신을 심리적으로 발전시켰고, 모든 일에서 기

* 《적과 흑》의 주인공. 목재상의 아들로 뛰어난 지성과 불굴의 의지로 출세 가도를 달리다 타고난 미모와 섬세한 감수성 때문에 연거푸 연애 사건에 말려들어 끝내는 사회의 중압에 굴복하여 단두대의 이슬로 짧은 일생을 마친다.

** 《고리오 영감》에 등장하는 천재적인 범죄자로, 야심 만만한 시골 귀족 라스티냑에게 성공을 약속하며 접근했다가 체포되어 자신이 유명한 범죄자임을 고백한다.

꺼이 모험을 무릅써 영웅적 인물로 변화했다. 슘페터가 '기업가는 창조적 파괴를 실천해야 한다'고 주장했을 때의 기업가란 바로 이 소설 속의 주인공과 같은 정신을 가진 사람이다. 출중한 사람은 끊임없이 아슬아슬한 경계 구역에 살면서 발전한다. 과거에 얽매이지 않고 무질서 속에 거주하는 다보스 회의장의 부자들 역시 이러한 경계 구역적 삶을 산 사람들의 특성을 고스란히 갖고 있다.

모험을 무릅쓰고자 하는 성향을 더는 벤처 자본가나 특별히 모험을 즐기는 개인만의 특성으로 여겨서는 안 된다. 모험이란 누구나가 매일매일 짊어져야 할 필수적인 것이다. 사회학자 울리히 벡은 "현대의 진보적 사회 구조에서 사회적 부를 생산하는 데는 사회의 모험적 생산이 수반되게 마련"[1]이라고 말한다. 《규모가 감축된 회사에서 개인의 역량을 키우는 방법*Upsizing the Individual in the Downsized organization*》의 저자는 소박하게 근로자를 정원사로 비유하고, 일이란 마치 식물을 기르듯 계속 분갈이를 하는 것과 같다고 설명한다. 유연한 체계의 불안정성은 근로자들이 '분갈이', 즉 일에 대해 모험을 감행할 필요를 느끼게 한다. 이러한 비즈니스 매뉴얼은 기업 경영상의 필요성 이외의 다른 덕목들을 만드는 데서도 많은 이가 사용해 온 전형적인 방법이다. 모험을 감행하여 에너지에 불을 붙이고 끊임없이 재충전하는 방법 말이다.[2] 분갈이 이미지는 그나마 위안이 된다. 이 비유는 모험적 영웅주의를 완화해준다. 모험이란 소렐의 도박과 같이 인생을 거는 드라마가 아니라 정상적이고 보편적인 것이 되었다.

'모험risk'이라는 말 자체는 르네상스 시대에 '감히 ~하다to dare'

라는 뜻인 'risicare'라는 이탈리아어에서 유래했다. 그 어원은 용감하고 자신만만한 태도를 의미하지만, 어원적 유래가 그대로 남아 있지는 않다. 비교적 최근까지도 행운이나 모험과 관련된 놀이는 신에 대한 도전으로 여겨졌다. 현대적인 문구인 '운명에 도전한다tempting fate'는 운명의 주권자인 아테*가 자만심이 지나쳐 감히 미래를 추정하는 남녀들을 벌한다고 하는 그리스 비극에서 나온 것이다. 사람들은 행운의 여신 포르투나가 주사위를 던져 모든 운명을 결정한다고 믿었다. 그뿐 아니라 신이 지배하는 우주에서 감히 행운이 생기는 범위가 넓을 수는 없다고 믿었다.

중세 유럽의 수학자 레오나르도 피보나치가 쓴 모험에 관한 유명한 책, 《주판서*Liber Abaci*》는 두 가지 관점에서 획기적이었다. 즉, 그 책은 먼저 모든 사건의 우연적인 인간성을 주장하면서도, 그 위험을 계산할 수 있는 인간의 능력을 강조했다. 피보나치의 책은 1202년에 발간되었는데, 옛 로마식 숫자인 I, II 또는 MCIV로는 쉽게 할 수 없는 계산도 가능케 하는 1, 2 또는 804738과 같은 아라비아 숫자를 이용하는 아랍 수학자들의 방식을 도입했다. 피보나치의 《주판서》에서 가장 찬사받는 부분은 '토끼' 대목인데, 그는 한 쌍의 암수 토끼에서 시작해서 1년 동안 얼마나 많은 토끼가 태어나는지 계산해 보였다. 여기에서 수학적 과학의 소산인 예측 계산법이 나왔다. 파치올리나 카르다노와 같은 르네상스 시대의 이탈리아 수학자들은 프랑스

* 그리스 신화에서 신들과 인간에게 선악의 구별을 할 수 없게 하여 무분별한 행동을 저지르게 만드는 여신

의 파스칼이나 페르마가 그러하듯 모험 정도를 수치로 계산하는 새로운 과학을 개척했다. 현대 컴퓨터에 사용되는 많은 계산 방식은 계몽주의가 싹트던 시기에 수학자 야코브 베르누이와 수학자이자 물리학자인 그의 사촌 다니엘 베르누이의 공동 연구에서 비롯했다.

1770년대 중반만 해도, 사람들은 대화를 통해 경험과 정보를 교환하며 모험을 이해하고자 노력했다. 그러한 노력의 예로 런던의 로이드 보험 회사는 커피 하우스를 운영하여 초면인 사람들끼리도 자유로이 해운업이나 다른 모험적 사업들에 대해 대화를 나누고 정보를 교환할 수 있게 해서, 이 과정에서 들은 내용을 토대로 투자를 결정할 수 있는 장소를 제공했다.[3] 피보나치에게서 시작된 예측 계산법의 혁명은 마침내 많은 분야에서 진행되고 있는 이러한 토론형 방식을 비개인적 계산 방식으로 대치했다. 현대적 금융 기법 중 정밀성이 요구되는 손해 보험, 파생 금융 상품, 손실 방지책 등의 분야는 이러한 예측 기법들 덕에 가능해졌다.

그러나 운명에 대한 도전을 두려워하는 마음은 여전히 리스크 관리에 드리워져 있다. 야코브 베르누이는 1710년에 이런 의문을 제기했다.

> 어느 누가 인간의 마음속 본성을 투시하거나, 특정 운동 경기에 신비한 영향을 줄 수 있는 신체 부분을 꿰뚫어 보고서, 이 선수가 또는 저 선수가 이기고 진다고 감히 예측할 수 있겠는가?[4]

즉, 순수한 수학적 계산이 모험을 분석하는 심리학적 측면을 대신할 수는 없다. 경제학자 케인스는《확률에 관한 연구*Treatise on Probablity*》에서 직관이나 직접적인 판단의 도움 없이는 특정한 확률을 인식할 수 있는 방법을 찾을 개연성이 거의 없다"[5]고 주장했다. 심리학자 아모스 트버스키는 사람들의 감정적인 면에 초점을 맞추는 일에서는 이익의 가능성이 아니라 손해의 가능성이 있다고 논증한 바 있다.

수많은 실험을 통해 트버스키가 얻은 결론은, 게임 테이블에서와 마찬가지로 결혼이나 그 밖의 직업적 일에서 모험을 감행할 때 "사람들은 긍정적 자극보다는 부정적 자극에 훨씬 더 민감하다 (…) 기분을 좋게 해주는 것은 몇 가지 안 되는데 기분을 나쁘게 만드는 것은 무수히 많다"[6]며 그들이 얻은 것보다는 잃은 것에 더 신경을 쓴다고 보았다. 트버스키와 그의 동료 다니엘 카네만은 특히 두려움의 수학이라고 부르는 것에 관해 밝혀내고자 했다. 그들의 작업은 원점으로 되돌아가는 복귀 현상, 즉 한 사람이 주사위를 한 번 굴려 내기에서 성공했다는 것은 또 다른 내기를 성공적으로 이끄는 게 아니라 다시 주사위를 굴려 좋을 수도 나쁠 수도 있는 길로 들어서게 하는 불확실한 의미로 후퇴하게 만든다는 사실에 근거를 두었다.[7] 매 순간의 일은 신이 아니라 단순히 우연으로 결정된다는 말이다.

이러한 이유로, 모험의 감행은 현재 시점에 담겨 있는 가능성에 대한 긍정적 추산과는 완전히 다른 어떤 것이다. 모험의 수학은 어떤 확증도 제시하지 못한다. 그래서 모험을 감행하는 심리는 무엇을 잃을 것인가 하는 부분에 상당히 합리적인 근거를 갖고 초점을 맞춘다.

이것이 바로 로즈의 생활이 도박으로 나아간 이유다.

"첫 몇 주 동안에는 무척 기분이 좋았어요. 마놀로, 심지어 귀여운 리처드나 당신까지도 생각할 겨를이 없었어요. 전 회사의 간부였으니까요. 그러나 곧 당신들이 조금씩 보고 싶어졌고, 금발의 여자가 날 대하는 태도가 미웠어요."

로즈는 잠시 말을 끊었다.

"그러나 정말로 나를 괴롭게 한 것은 (…) 그다지 특별한 이유는 아니에요."

그래서 나는 그녀에게 우리 세대가 되면 누구나 다 그 심정을 이해할 수 있으며, 아마도 그곳이 꽤 무분별한 직장인 것 같다고 말해 주었다.

"아니요, 그 정도까지는 아니에요. 난 단지 뭔가 새로운 일을 해야 한다고 조바심을 내고 있었어요."

트버스키와 카네만은 모험에 대해 말하면서 '모험을 걸다'라는 말은 본래 희망적이기보다는 절망적인 상황에서 사용한다고 했다. 그래서 유연한 회사에서는, 직원들이 매일 모험을 감행하도록 북돋우기 위해 회사 업무 매뉴얼 작성자가 거의 무의식적으로 그들이 항상 절망적인 상태라는 점을 일깨우는 매뉴얼을 작성한다. 확실히 로즈의 경우에는 병적으로 억압된 상태도 아니었고, 일도 열성적으로 해낸 모양이었다. 그녀는 지루할 정도로 계속된 자신의 침울한 근심이 새로운 직장에서의 성공과 실패에 대한 과도한 애매모호함 때문에 악화되었다는 점을 잘 알고 있었다.

모든 모험에는 중도로 복귀하려는 움직임이 있다. 주사위를 던져 나오는 숫자는 임의적이다. 어떠한 방법을 쓴다 해도, 모험에 대처하기 위해 한 가지 상황을 추정하고 그것을 토대로 다음 상황을 이끌어내는 수학적 설명을 할 수는 없다. 사람들은 복귀라는 사태를 거부할지도 모른다. 도박꾼들은 자신이 '행운아다', '상승세를 타고 있다', '절정 상태에 있다'고 말하면서 그 사실을 부인한다. 그들은 주사위 각각의 면들이 마치 어떤 식으로 연관되어 있다는 듯 이야기한다. 그럼으로써 스스로 모험을 거는 행위에 대해 허구적 이야깃거리를 만들어 자신의 선택을 정당화하려고 한다.

그러나 이것은 위험한 이야기다. 경영 컨설턴트 피터 번스타인은 이러한 착각에서 벗어나라고 말한다.

> 우리는 아주 일상적으로 일어나는 일들은 간과해버린다. 반대로 가능성이 낮은 사건들은 드라마틱하게 해석해서 과도한 의미를 부여한다. (…) 그 결과, 우리는 중간적 가치 상황으로 복귀해야 한다는 것을 잊고, 자신이 생각한 위치를 고수하기 때문에 결국 문제 상황에 빠진다.[8]

번스타인, 트버스키 그리고 카네만과 마찬가지로 도스토옙스키도 《노름꾼》에서 행운을 믿고 극적인 모험에 뛰어드는 것이 얼마나 허망한 일인지를 보여준다. 이 소설은 한 도박꾼을 통해 실제 인생에서와 마찬가지로, 할 필요가 있다고 여겨지는 일도 실상은 꼭 그렇게 해야만 하는 것은 아니라는 점을 깨닫게 한다.

이전에 리코에게 물었던 것처럼 로즈에게도 살아가는 모습에 대해 집중적으로 질문을 던져보았다.

"당신이 다녔던 직장에 관해 이야기해주실 수 있나요?"

"이야기요?"

"1년을 그곳에서 보내는 동안 어떤 변화가 있었나요?"

"글쎄요, 제게는 별다른 변화가 없었어요. 저는 늘 한구석으로 물러나 있었거든요."

"그럴 리가요. 그 회사가 신입 사원 네 명을 해고했을 때도 당신은 그대로 두었다면서요."

"네, 살아남았지요."

"그러니 그들이 당신의 일을 맘에 들어 한 거지요."

"하여튼 그 회사 사람들은 기억력이 부족하거든요. 제가 전에 말했듯이, 당신은 늘 원점에서 다시 시작하고 매일 자신을 입증해야 직성이 풀리나 봐요."

"계속해서 모험에 노출되면 우리는 자칫 스스로 인간성에 대한 감각을 파괴해버릴 수 있어요. 중간적 가치로 되돌아가는 것을 막을 수 있는 이야깃거리는 없으니까요."

"당신은 늘 '원점에서 다시 시작합시다'로군요."

그러나 이러한 기본적인 이야기도 다른 사회에서는 다른 형태로 보일 수 있다. 로즈가 경험한 모험의 사회학적 차원은 각자 소속된 조직체가 인생에 변화를 주고자 하는 우리의 개별적 노력에 어떤 형태를 부여하느냐에 따라 결정된다. 우리는 현대 조직체들이 확고하고 뚜렷하게 스스로를 정의 내리지 못하는 몇 가지 이유를 알고 있다. 현대적 조직의 불확실성은 모든 일상을 거부하고 단기적 행위를 강조하며, 엄격하게 조직된 군대식 관료주의 대신에 고도로 복잡한 무정형의 네트워크를 창출하면서 비롯되었다. 이는 모험의 감행이 시간뿐만 아니라 공간의 규제를 철폐하려는 사회에서 발생한다는 의미다.

모험은 어떤 지위에서 다른 지위로 이동하는 문제다. 사회학자 로널드 버트는 현대 사회의 지위 이동에 대한 권위 있는 분석을 내린다. 그의 저서 《구조적 구멍들*Structural Holes*》은 느슨한 체제에서 변화하는 지위들의 특성을 보여준다. 즉, 커져가는 틈새, 우회로 또는 네트워크 내 사람들 사이의 중간 매개가 많아질수록, 개인의 지위 이동은 더욱 쉬워진다. 네트워크 내의 불확실성이 이동의 가능성을 부추기고, 개인은 다른 사람이 예견치 못한 기회들을 이용할 수 있으며, 중앙 권력으로부터의 지배력 약화를 촉진할 수 있다. 조직체의 '구멍'이란 곧 기회의 장으로, 전통적인 관료주의적 피라미드에서 승진을 위해 분명하게 규정된 좁은 틈새와는 그 의미가 다르다.

물론 모험을 감행하는 사람이 극심한 카오스만 겪는 건 아니다. 사회학자 제임스 콜먼에 따르면, 우리는 사회적 자본이라 할 수 있는 개인적 성취나 봉사뿐만 아니라 과거의 경험도 함께 공유하며 느슨한 네트워크를 항해하도록 서로 돕고 있다고 한다. 네트워크의 유동성을 연구한 여러 사회학자는 새로운 고용주 또는 새로운 작업 그룹에서 인정받으려면 업무 능력 못지않게 특별한 매력을 소유해야 한다고 강조한다. 그런 점에서 모험은 앞서 이야기한 것과는 달리 단순한 기회 이상의 의미를 갖는다.[9]

버트는 이전에 다보스 회의장을 설명하면서 구체적으로 소개한 바 있는 인간성에 관해 중요한 사실을 지적한다. 모험에서 성공을 거두려는 사람은 애매모호하고 불확실한 상황 속에서 잘 처신해야 한다는 것이다. 다보스 회의장의 사람들은 그러한 상황에서도 마치 자신의 집에 있는 것처럼 평정을 유지했다. 만약 평범한 개인이 이런 애매모호한 상황을 활용하려고 했다가는 자신조차 통제하지 못해 자칫 유배자가 된 느낌에 휩싸인다. 네트워크의 불연속성은 개인의 의식에서 불안정성을 가져온다. 또 그들은 이동 중에 길을 잃기 쉽다. 유연한 자본주의에서 불확실성이라는 구조적 구멍들 쪽으로 이동할 때 방향을 잡지 못하는 이유는 '애매모호한 횡적 이동', '뒤늦게 후회하는 손해', '예측할 수 없는 수입의 변화' 등 때문이다.

이전의 피라미드식 조직 체계가 좀 더 느슨한 네트워크로 대치되면서, 직업을 바꾸는 사람들은 사회학자들이 소위 '애매모호한 횡적 이동'이라고 말한 경험을 자주 하게 된다. 당사자는 느슨한 네트워크 속에서 종적으로(밑에서 위로) 이동한다고 믿고 있지만, 실은 횡적으로 이동한다는 것이다. 사회학자 마누엘 카스텔도 같은 조직 내에서 수입이 더욱 양극화되고 불평등해지고 직무의 범위가 무정형이 되어가는데도 불구하고, 종적 이동이 아니라 이러한 게걸음과 같은 횡적 이동이 발생한다고 주장했다.[10] 또 다른 사회적 이동에 관한 연구자들도 유연한 네트워크 내에서의 소위 '뒤늦게 후회하는 손해'를 강조한다. 유연한 체계에서 모험을 감행하여 위치 이동을 하려고 할 때, 사전에 새로운 자리에 대해 필요한 정보를 얻지 못해 잘못된 결정을 내리고 뒤늦게 후회하는 경우가 종종 있다. 미리 정보를 입수했더라면 그런 모험을 하지 않았을지도 모른다. 그러나 대체로 회사 조직은 내부적으로 계속 유동적 상태에 있기 때문에, 이러한 회사 구조에 근거하여 개인의 미래에 대해 이성적인 결정을 내리기는 어렵다.[11]

이동하기를 원하는 사람들이 계산하기 가장 까다로운 것은 이동한 후에 과연 더 많은 돈을 벌 수 있을까 하는 부분이다. 최근 이직자의 임금 통계 자료는 유쾌하지 못한 결과를 보여준다. 이직한 후에 임금이 상승하기보다 줄어드는 경우가 점점 많아지고 있다. 이직자의 28퍼센트는 임금이 늘어났지만, 34퍼센트는 오히려 줄었다(부록의 통계표 8 참조). 한 세대 전만 해도 그 수치는 거의 반대였다. 한 회사에서 승진할 때보다 다른 회사로 옮겼을 때 임금이 약간 더 높았다. 그럼에도 불구하고 직장을 옮기는 비율은 현재보다 낮았다. 직업 안정성과 회사와의 합의 내용이 직장을 떠나지 못하게 하는 중요 요인이었다.

그와 같은 변화가 일어난 경로를 통계적으로 추적하려면 다양한 연령과 부모의 계층적 배경, 인종과 교육 수준, 게다가 순전히 운에 의한 것까지 포함한 상당히 복잡한 과정을 거쳐야 한다. 더 상세히 분류한다 해도 분명히 밝혀지지는 않을 것이다. 그 한 예로 '근무태만' 때문에 해고당한 동료들이 회사에 자진해서 사표를 내고 그만두었다고 말하는 주식 중개인들보다 이직 후 소득이 두 배나 높은 것으로 나타났는데, 어떻게 그런 결과가 나왔는지 분명치 않다. 어떤 조사를 해봐도 알아내기 힘들 것이다.

앞서 말한 세 가지 이유 때문에, 현대 사회에서 직장을 옮기는 과정은 좀처럼 예측하기 어렵다. 반면 근로자들의 거대한 방패막이 역할을 하는 노조와 그에 맞먹는 거대 조직을 운영하는 관리자들

사이에서 벌어지는 협상은 그렇지 않다. 승진이나 강등의 문제뿐 아니라 수입의 증가나 손해를 놓고 벌이는 근로자와 관리자 사이의 협상은 예측할 수 있다. 경영 분석가 로자베스 모스 캔터는 "코끼리들이 춤추는 법을 배우고 있다"[12]는 재치 있는 표현으로 지금의 구식 관료주의를 빗대었다. 여기서 말하는 관료주의적인 새로운 춤이란, 개인별로 차등화되어 마련된 유연한 승진 및 급여 제도가 아니라 거대 조직체의 포괄적인 협상에 대한 저항을 말한다. 다니엘 벨이 현대에 적합하다고 생각한 견고하고 보편적인 통제 체제를 고안한 때가 20세기 중반 무렵이었으나, 불과 몇십 년 후의 제너럴 모터스에서 볼 수 있듯이 지금은 일일이 규정할 수 없을 정도로 임금 액수나 직무의 종류가 유연하고 다양해졌다.

이동이라는 모험 뒤에 어떤 일이 일어날지도 모르면서 사람들은 왜 그런 도박을 하는 것일까? 이에 관해 보스턴 제과점의 사례를 통하여 흥미로운 사실을 알아낼 수 있었다. 그 제과점은 지금껏 규모 축소를 할 필요가 없었다. 오히려 직원을 계속 모집해야 했다. 직원들은 해고되어 나가지 않았다. '내 남은 인생을 여기서 이런 식으로 보내지 않겠다'고 선언한 어느 제빵사처럼 자발적으로 다른 자리를 찾아 떠났다. 그래서 대개 고위 관리자들은 직원들에게 그들의 작업장이 얼마나 안전하고, 멋지며, 최신식인지를 강조하여 미리미리 이직 사태에 대비한다. 하지만 미처 대처 방안을 생각지 못한 영업점 점장 로드니 에버츠는 정작 자신에게 그러한 상황이 닥치자 무척 당황했다.

"직원들이 지금의 직장에는 미래가 없다고 말하기에 그들에게 무엇을 원하느냐고 물었지요. 그런데 그들도 모르는지, 그저 한 곳에 갇혀 있으면 안 된다고 하더군요."

보스턴에는 저임금 근로자를 위한 인력 시장이 활기를 띠고 있다. 물론 다행스러운 일이긴 하지만, 직장을 옮기고자 하는 단순한 충동이 그곳을 더욱 붐비게 하는 이유가 아닐까 한다.

내가 에버츠에게 구조적 구멍들에 관한 사회학적 이론 이야기를 꺼내자, 그는 "그것 보세요. 마치 나방이 불꽃에 이끌리듯, 인간이 모험에 끌려간다는 것을 과학도 보여주고 있는 거죠"라며 응수했다(이전에 말했듯이, 그는 킹 제임스 성경의 애독자다). 그러나 모험을 감행하고자 하는 충동은, 그것이 아무리 맹목적이고 불확실하고 위험하다 하더라도, 많은 일련의 문화적 동기를 암시하고 있다.

모든 모험이 미지의 세계를 향한 항해라면, 항해자의 마음속에는 나름대로 꿈꾸는 목적지가 있을 것이다. 오디세우스는 고향 집에 가고자 했고, 쥘리앵 소렐은 신분 상승의 길을 찾으려 했다. 이동하지 않는 것은 마치 주검과 같은 안정이며 실패의 징조로 여겨진다는 점에서, 현대의 모험 문화는 특별하다. 그러므로 목적지보다는 출발 그 자체를 중요하게 여긴다. 거대한 사회적, 경제적 힘이 모험하지 않을 수 없도록 부추기며, 제도의 무질서화 경향, 유연한 생산 체계 등 물질적 현실이 사람들을 스스로 바다로 나아가 항해하게 만든다. 가만히 있다가는 낙오하기 십상이다.

그러므로 출발을 결정한 것이 이미 성취다. 변화하기로 결심했다는 사실이 중요하다. 모험 감행에 관한 많은 연구에 따르면, 사람은 현재 상태에서의 이탈, 즉 변화를 처음 결심할 때 사기가 '고조'된다고 한다. 이것은 로즈도 경험한 사실이었다. 그러나 들뜬 마음으로 모험을 시작한 이후에도 모험은 끝이 없었다. 로즈는 늘 다시 시작하고 매일의 모험 속에 자신을 맡겨야 했다. 줄곧 알 수 없는 미래를 계산하며 초조해하다가 전혀 생소한 세계로 내몰린 것이다. 그러한 불확실성은 더 많은 돈, 더 좋은 직책을 추구하는 다른 사람들도 마찬가지로 느낀다.

제빵사들처럼 자신의 일에 대해 미약하거나 피상적인 애착심을 지닌 사람들에게는 한곳에 정착해야 할 이유가 없다. 하지만 자리를 옮기고 나면 직책이나 임금 면에 이득이 있으리라는 기대와는 달리, 그들은 애매모호한 횡적 이동이나 뒤늦게 후회하는 손해, 예측할 수 없는 수입의 변화 등의 상황에 직면한다. 그 결과, 사회적 적응도 과거의 계급 체제에서보다 더 어려워진다.

물론 불평등이나 사회적 신분 차별이 없어져서 사회적 적응이 어려워졌다는 뜻은 결코 아니다. 이러한 어려움은 각자가 자신의 실체를 갑작스럽게 불안하게 만드는 유연한 이동을 했기 때문이 아닌가 한다. 사람들은 그리 계산적이지 못하고, 이성적으로 선택하지도 못하며, 단지 변화를 감행하면서 뭔가 새로운 일이 생겨나기를 바랄 뿐이다. 모험을 다루는 문학 작품의 주인공들은 비현실적인 염원 속에서 전략을 논하고 계획을 세우며, 소요되는 비용과 이득을 맞추어 본다. 능동적 대응의 기회를 놓치지 않을까 하는 두려움이 실생활에서 모험을 감행하도록 압박한다. 역동적인 사회에서는 수동적인 사람들이 뒤처지기 때문이다.

만일 이성적으로 손익 계산을 할 수 있고, 위험을 미리 읽어내는 아카데믹한 전략가가 될 수 있다면, 모험을 감행한다고 해도 덜 절망적일 것이다. 그러나 현대 자본주의는 그와 같은 명쾌함을 더 이상 발휘하지 못하도록 특정 종류의 모험을 조직해놓았다. 많은 사람은 대가를 얻을 가능성이 극히 미미하다는 것을 알면서도, 새로 등장한 시장 여건상 또 다른 모험을 감행하지 않을 수 없게 된다.

이를 증명하는 예로서, 어느 날 오후 로즈가 했던 말을 다시 생각해보고자 한다. 그녀가 다니던 광고 회사에서 간부 한 사람이 해고되는 날이면 그때마다 "수백 통의 지원서가 쌓이고 홀 바깥쪽에는 면접을 보게 해달라고 간청하는 젊은이들이 줄을 잇곤 했다"고 한다. 이러한 문제점은 우리 모두가 익히 알고 있는 바와 같이 건축, 학술, 법률 등 각자 다양한 직업을 가진 능력 있는 젊은 근로자들이 초과 공급되기 때문에 발생한다.

확실히 학위를 얻으려 하는 데에는 물질적 이유가 있다. 모든 선진 경제의 대표 주자인 미국의 통계 자료를 보면, 지난 10년간 대졸 근로자의 수입 증가는 고졸자보다 약 34퍼센트나 더 높은 것으로 나타났다. 처음 입사 때부터 더 많은 봉급으로 출발한 대졸 직원들은 단 10년 만에 고졸 근로자들보다 34퍼센트나 높은 임금 격차를 벌려놓았다. 대부분의 서방 사회는 고등 교육 기관의 문호를 개방하고 있다. 2010년 무렵이면, 25세의 미국인 중 41퍼센트가 4년제 학사 학위를 받을 것이고, 적어도 62퍼센트가 초급 대학 학위 이상을 취득하리라고 예상된다. 영국과 서방 유럽에서도 이보다 10퍼센트가량 낮은 비율을 유지하고 있다고 예측된다.[13] 그러나 미국 고용 인력 중 5분의 1만이 대학 졸업자면 될 뿐이다. 굳이 대졸자가 필요한 고급 직종은 극히 낮은 증가율을 보이고 있다(부록의 통계표 9 참조).

능력 과잉 현상은 유연한 체제의 특징인 양극화 현상의 한 징조다. 폴 크루그먼 교수는 기술 능력에 따라 증가하는 불평등 현상을 이렇게 설명한다.

> 우리는 비행기나 하이테크 상품을 생산하는 기술자들에게는 고임금을 지불하고, 그렇지 못한 사람들에게는 상대적으로 저임금을 지급한다.[14]

이 의견에 동조하는 투자가이자 외교관인 펠릭스 로하틴은 현대 사회의 거대한 변화에 대해 이렇게 말했다.

> 현재 미국 사회에서는 기술력이 낮은 중류 계급 미국 근로자들에게서 자본 자산의 소유주와 새로운 기술 귀족 계급에게로 막대한 사회적 부가 이동하고 있다.[15]

사회학자 마이클 영이 에세이 《능력주의》에서 예견한 대로, 이러한 기술적 엘리트는 그가 받은 학위에 의해 그 수가 한정되고 자격이 부여된다.[16]

이러한 상황에서 많은 젊은이가 선택받은 소수 계층에 속하고자 일종의 도박과도 같은 극단적인 모험을 감행하기도 한다. 그러한 모험 감행이 일어나는 곳을 일컬어, 경제학자 로버트 프랭크와 필립 쿡은 '승자만을 위한 시장'이라 부른다. 이 경쟁적인 세계에서 다수의

패자가 떨어진 이삭을 줍는 동안, 성공한 자들은 식탁 위에 차려진 이익을 쓸어 담는다. 바로 유연성이 그러한 시장을 형성하게 하는 핵심 요소다. 위계적인 명령 체계를 통해 이익금을 분배해주는 관료주의적 체제가 없는 곳에서는 이익이 권력을 지닌 최고위층에게로 돌아가고, 규제가 없는 체제에서는 모든 것을 장악하는 지위에 있는 사람들이 이익을 차지한다. 유연성은 이렇게 승자만을 위한 시장을 만들어 불평등 현상을 심화한다.[17]

"현대 경제의 성과주의 분배 구조 때문에 많은 개인이 최고의 보상만을 추구한다. 보상이 적으면 아무리 생산적인 대안일지라도 포기할 수밖에 없다"[18]는 것이 이 경제학자들의 견해다. 물론 이 같은 견해는 부모가 자식에게 해줄 만한 윤리적 충고다. 그러나 현실을 바로 봐야 한다. 이 충고에는 모험이 비현실적인 자기 평가에서 나온다는 과거의 애덤 스미스 이론에 대한 믿음이 깔려 있다. 《국부론》에서 스미스는 이렇게 적었다.

> 능력이 있다는 사람 중 상당수는 지나친 자부심과 오만을 함께 가지고 있다. (…) 사람들은 이익의 가능성에 대해서는 많건 적건 간에 과대평가하며, 손실의 가능성에 대해서는 과소평가한다.[19]

이와 관련하여 프랭크와 쿡이 백만 명의 미국 고등학교 최고 학년생을 대상으로 연구한 결과에 따르면, 그중 70퍼센트가 자신은 평균 이상의 리더십을 가지고 있다고 생각하며, 2퍼센트만이 평균보다 낮다고 생각한다고 나타났다.

그러나 위에서 말하는 '지나친 자부심'은 모험과 인간성의 차이를 잘못 이해한 데서 온 표현으로 보인다. 모험하지 않는 것은 미리 자신을 실패자로 인정하는 것이다. 승자만을 위한 시장에 발을 내딛는 대부분의 사람들은 자신이 실패할 가능성이 있다는 점을 알지만, 그 생각을 잠시 유보한다. 비교적 유연한 환경에서 모험을 감행할 때는 순간적으로 그만둘까 하는 마음의 동요가 생겨 성공할 가능성을 이성적으로 깨닫지 못하도록 하기도 한다. 그러나 승자만을 위한 시장에서는, 아무리 명철한 시각을 계속 유지하더라도 아무것도 하지 않는 것은 신중함이 아니라 수동적인 것일 뿐이다.

그러한 태도는 스미스와 밀이 그들의 정치 경제학 이론에서 상인들을 예찬한 데서 그 이념적 유래를 추적할 수 있다. 모험을 감행하라는 요구는 현대 문화에 훨씬 널리 퍼져 있다. 모험을 하느냐 마느냐는 인간성 테스트의 기준이 되었다. 중요한 것은 비록 실패할 운명이라는 것을 '이성적으로' 알면서도 노력을 하고 기회를 잡는다는 점이다. 이러한 태도는 일반적인 심리학 현상으로 강화될 수 있다.

어떤 갈등에 직면했을 때, 인간의 주의력은 멀리 내다보기보다는 임박한 환경에 고정된다. 이러한 집중을 사회 심리학에서는 의미 파악에서 갈등적 심리 상태를 뜻하는 '인지적 불협화음'이라 부른다(인지적 불협화음에 관해서는 인지 철학자 그레고리 베이트슨, 라이오넬 페스팅거 그리고 나 자신도 다양한 연구를 한 바가 있다).[20] 로즈가 다니던 뉴욕 파크 애비뉴의 광고 회사는 그녀가 일을 잘한다고 증명해주지 않았고 그녀에게는 그러한 증거가 필요했는데, 이것이 바로 인지적 불협화음의 전형적인 모습이다. 이러한 갈등에 처할 때, 우리는 '초점 고정'을 하게 되는데, 이는 중심점을 찾아두면 어떤 상황에 당면해서 즉시 주목할 수 있듯이 문제점에 표시를 해둔다는 의미지만, 좀 더 큰 맥락은 인지하지 못하는 결과를 낳는다.

어떤 문제에 직면했을 때, 그것을 해결하기 위해 뭐든지 해보고자 하는 신념이 부족하면 오랜 시간 동안 생각하고도 쓸모없는 것이라고 여겨 관심을 돌리게 된다. 이럴 때 초점 고정이 효과적인 방법이다. 비록 당장은 아무것도 하지 않더라도, 해야 할 일이 무엇인지 알아내기 위해서 사람들은 자신이 처한 즉각적인 상황을 이리저리 반복하여 탐색한다. 초점 고정은 모든 고등 동물에게서 발견되는 것으로, 위험에 대한 심리적 반응이다. 가령 토끼의 눈은 여우의 발톱에 고정된다.

모험적인 행동을 감행하고 난 직후에, 인간에게도 그와 같은 초점 고정 현상이 나타날 수 있다. 성공이 무의미해 보이거나 수고한 만큼의 대가를 얻지 못했을 때 '결국 헛수고야', '늘 되는 일이 없어'라고 생각하면 시간이 정지된 듯 느낀다. 이러한 고생을 겪는 사람은 현실이라는 감옥에 갇혀 진퇴양난의 딜레마에 빠지게 된다. 로즈도 결국 뉴욕 중심가에서의 모험을 청산하고 트라우트 바로 되돌아오기까지 몇 달 동안 아무것도 할 수 없는 이러한 악몽에 시달렸다.

"제정신이 아니었어요"라는 로즈의 말은 사람이 위기를 맞았을 때 갖게 되는 보다 원초적이면서도 덜 복잡한 감정 상태를 일컫는다. 그것은 중년의 삶 속에도 찾아온다. 회사 등 집단생활의 현재 조건은 중년에 대한 편견으로 가득 차 있고, 개인의 과거 경험의 가치를 인정하지 않으려 한다. 주류 문화는 중년층을 도박꾼의 감으로 재단해 모험하기 싫어하는 사람으로 취급한다. 이러한 편견들과 맞서 싸우기는 결코 쉬운 일이 아니다. 견디기 힘든 중압감을 주는 데다 그 축이 변화하고 있는 현대의 조직 세계에서 중년층은 자신들이 그 조직 테두리 내에서 서서히 부식된다는 두려움에 쉽게 빠진다.

뉴욕 파크 애비뉴 사무실에 근무하면서 로즈는 생물학적으로 뿐만이 아니라 사회적으로도 자신의 나이가 많다는 것을 깨닫고 충격을 받았다.

"주위의 여직원들을 둘러보았어요. 모두 젊은 여성이었죠. 보기에도 좋았고, 그들 모두가 뉴욕 상류층 거주지인 로커스트 밸리 사람들의 말투를 썼어요."

로즈의 비음이나 중하류 계층의 말투는 노력해도 완전히 고칠 수 없었지만, 로즈는 그 대신 젊어 보이기 위해 외모에는 신경을 썼다.

"전 블루밍데일 백화점에서 좋은 옷을 사 입고, 콘택트렌즈도 마련했어요. 그거 정말 끔찍하더군요."

렌즈가 눈을 자극하는 바람에, 사무실에 있는 동안 그녀는 금방이라도 울 것 같은 여자로 보였다고 한다.

"제가 콘택트렌즈를 착용하자 사무실에 있던 젊은 여성들이 저를 향해 '와우, 와우!' 하며 감탄하는 거예요. '멋져요'라고. 그러나 그 말을 믿어야 할지, 말아야 할지 모르겠더군요."

그녀가 더욱 상처받은 것은 사람들이 술집에서 어떻게 술을 마시고 행동하는지에 관해, 경험을 통해 쌓은 그녀의 지식이 전혀 인정받지 못했다는 점이다.

"언젠가 회의 중에 이건 저칼로리 식품이고 저것도 저칼로리라고 그들이 말하기에, 제가 한마디 했죠. '다이어트나 하려고 술집에 가는 사람은 없어요'라고."

그때 사람들이 그녀의 말을 어떻게 받아들였을까?

"저 같은 사람은 박물관 전시 품목이래요. 재래식 술집 주인 여자로요."

이에 대해 분명 로즈가 항변하며 사용했을 가시 돋친 대화술은 비즈니스 스쿨에서 배울 만한 것이 아니었다. 그러나 그녀에게는 나이로 인한 자극이 피할 수 없는 상처로 다가왔고, 특히 젊은 동료 직원들이 동정하듯이 그녀가 내쫓길 것이라고 돌려 말할 때는 더욱 그랬다. 회사의 간부들은 물론이고 동료들도 클럽이나 퇴근 후의 술자리에 그녀를 초대하지 않음으로써 그녀에 대한 편견을 드러냈다. 사실 그런 자리에서 대부분의 실질적인 광고 업무가 이루어지곤 했다. 로즈는 과연 자신이 실제적 지식 때문에 채용된 것이 맞는지 혼란을 겪을 정도로 나이가 너무 많다고 해서 퇴물로, 변두리 사람으로 무시당했다.

현대 직장에서의 나이에 관한 통계적 기초는 고용된 사람들의 짧아지는 근무 시간을 보면 알 수 있다. 미국의 55세에서 64세 남성 중 근로자가 1970년에 80퍼센트 정도였던 것이 1990년에는 65퍼센트로 떨어졌다. 영국의 통계도 이와 비슷하며, 프랑스에서는 중년 후반 남성 근로자 수가 거의 75퍼센트에서 40퍼센트를 조금 넘는 정도로 떨어졌고, 독일도 80퍼센트에서 50퍼센트를 조금 웃도는 정도로 하락했다.[21] 그리고 직장 생활로 진입하는 나이는 약간 어려졌고, 높아진 교육열 때문에 노동 인구에 포함되는 최저 연령은 몇 년 정도 늦춰졌다. 미국과 유럽의 경우, 사회학자 마누엘 카스텔의 예견으로는 "평균 수명은 75세에서 80세 정도가 되지만 실제적 근로 수명은 30년 정도로 줄어들지 모른다(즉, 24세에서 54세까지)".[22] 즉, 노령 근로자들은 신체적으로나 정신적으로 일할 수 없게 되기 훨씬 이전에 현장에서 떠나게 되어, 생산 수명이 생물학적 수명의 절반 이하로 줄어들고 있다. 로즈와 같은 연령층(광고 회사에 다니기 시작했을 당시 그녀는 53세였다)의 많은 사람이 벌써 은퇴를 준비하고 있다는 것이다.

근로 수명의 단축 때문에 젊은 인력이 강조되고 있다. 19세기에 젊은 인력을 선호한 이유는 값싼 노동력 때문이었다. 매사추세츠 로웰 지역의 '방앗간 처녀들'이나 잉글랜드 북부의 '탄광 청년들'은 어른들 이하의 임금을 받고 일했다. 오늘날의 자본주의에서도 젊은이들에 대한 이와 같은 저임금 선호 사상이 아직 남아 있다. 이는 대부분 개발 도상국의 공장이나 노동 착취 공장에서 두드러지게 나타난다. 물론 지금은 젊은 인력의 여러 장점이 더욱 높은 수준의 근로 영역에서는 인정받는 듯하지만, 아직도 사회적 편견의 영역을 채 벗어나지는 못하고 있다.

예를 들어, 최근 경영 전문 논평지 《캘리포니아 매니지먼트 리뷰 *California Management Review*》는 유연한 조직 내에서 젊은 층의 긍정적인 면과 노령층의 부정적인 면을 이슈로 내세웠다. 노령층 근로자들은 유연한 작업 현장에서 요구하는 생활에 적응하기에는 신체적 근력이 약하고, 사고력도 유연하지 못하며 모험하기를 싫어한다는 내용이었다.[23] 조직체 내에서 '고목'이라고 칭해진다는 것 자체가 그러한 이미지가 고정되어 있다는 점을 나타낸다. 모 광고 회사의 중역이 사회학자 캐서린 뉴먼에게 이렇게 말했다.

"만일 당신이 광고 회사에 근무한다면 30세가 수명입니다. 나이가 원수예요."

월 스트리트에 근무하는 한 간부 사원도 비슷한 말을 했다.

"당신이 40세 이상이라면 고용주들은 당신이 사고력이 없다고 생각할 것이고, 50세가 넘으면 불 꺼진 인생으로 볼 거예요."[24]

유연성은 젊은 층의 것이며, 노년층의 특징은 강직성인 셈이다.

이러한 편견은 여러 가지 정책에 많이 반영되고 있다. 즉, 회사의 구조 조정에서 해고 후보자 집단으로 제일 먼저 노령 근로자들이 지목된다. 앵글로-아메리칸 체제에서 사십 대와 오십 대 초 남자들의 경우 비자발적 해고의 비율이 지난 20년 동안 두 배로 늘어났다. 이른바 강직함을 지닌 노인들 연합체에서는 사실상 정신적 능력의 절정기라고 볼 수 있는 오십 대 후반 간부 직원들이 회사에서 퇴직 압력을 받고 있다고 주장한다.

신참 근로자들보다 나이가 많고 경험을 많이 쌓은 근로자들은 대체로 상사들에게 비판적인 경향이 있다. 그들을 일컬어 경제학자 앨버트 히르시만은 '목소리'의 힘이라고 부르는데, 나이 많은 피고용인들은 잘못된 결정이라고 판단하면 자신의 의견을 적극적으로 피력한다는 것이다. 특히 경영주보다는 제도에 더욱 비판적이다. 이에 비해 젊은 근로자들은 잘못된 질서 체계를 잘 참아낸다. 그들은 불편을 느끼면 조직 내에서 조직을 위해 투쟁하기보다는 아예 그곳을 떠나버린다. 히르시만의 비유에 의하면 그들은 '탈출구'[25]를 찾기 위한 방편으로 그렇게 행동한다. 로즈도 광고 회사에서 나이 많은 직원들이 나이 어린 상사에게 항의하는 걸 자주 보았다. 한번은 오랫동안 그 회사에서 일해온 나이 많은 직원이 상사에게 항의하다가 모욕을 당한 일이 있었다. "당신은 이곳이 그렇게 맘에 안 든다고 하는데, 다른 데 가서 일자리를 찾기에는 너무 많은 나이라는 건 알고 있죠?"라고.

노령층 근로자들에게 나이에 관해 가장 심각하게 다가오는 편견이 있다. 개인의 경험이 축적될수록 오히려 그 경험이 가치를 인정받지 못한다는 것이다. 한 회사에서 또는 같은 직책에서 수년간 일해온 근로자의 축적된 경험이 오히려 새로운 정책 변화를 도모하는 데 방해가 될 수 있다. 반면에 젊은 직원들은 유연하기 때문에 회사 조직 내에서 모험을 감행하고 즉각적으로 복종하는 등 온순함을 보인다. 무엇보다도 이러한 심각한 편견은 힘의 편견과는 달리 근로자들에게 개별적인 메시지로 다가온다.

이러한 사실을 일깨워준 사람은 리코다. 그는 자신의 공학 지식이 자꾸만 낙후되어가는 것 같다고 했다. 비행기 안에서 대화하고 있을 때, 나는 "요즈음 글을 쓰려고 할 때마다 자꾸만 머리를 긁적이게 된다"며 리코에게 푸념했다. 여러 권의 책을 펴냈는데도 그만큼 자신감이 늘지는 않더라고 말했다. 그러자 젊고 강직하고 활력 넘치는 그가 대답하기를, 자신도 엔지니어로서 "한물갔다"고 느껴질 때가 종종 있다며 내 말에 공감을 표했다. 그는 로즈보다 20년이나 젊은 나이인데도 자신의 지식이 퇴색해가고 있다고 걱정하며, 자신은 이제 "아랫사람이 하는 일을 지켜보는 사람"일 뿐이라고 말했다.

처음엔 그의 말을 명백한 난센스라고 여겼다. 리코의 말은 자신이 과거에 학교에서 얻은 과학 지식이 이제 더는 최첨단 기술이 아니라는 뜻이었다. 그는 움튼 지 얼마 되지 않은 정보 기술 분야에 약간의 이해력을 지녔을 뿐이며, 그 이상 한 발자국도 전진해 나가지 못하고 있다고 말했다. 이십 대 초반의 젊은 엔지니어들은 삼십 대 후반의 그를 벌써 저문 세대로 대한다는 것이었다. 나는 그렇다면 대학에 다시 들어가서 공부를 좀 더 하면 어떻겠느냐고 물었다. 이 말에 그는 불쾌한 얼굴로 이렇게 대답했다.

"우리는 지금 새 단추 만드는 기술을 이야기하고 있는 게 아니에요. 다시 시작하기엔 제 나이가 너무 많아요."

리코의 말에 의하면, 그렇게 복잡하고 새로운 기술은 중간에 보충 학습으로 터득할 수 없으며, 모두가 똑같은 토대에서 시작해야 하고, 개인에 따라 쌓아 올리는 높이만 달라질 수 있다고 했다. 그래서 새로운 분야의 개발은 시작부터 초보자적 접근을 요구하며, 또한 초보자가 훨씬 효과적으로 접근할 수 있다는 것이었다.

미국인인지 유럽인인지는 알 수 없으나 인도에서 일하던 어느 엔지니어는 자신이 하던 일을 급료가 적은 다른 동료에게 넘겨주었는데, 그때 그는 마치 자신이 닦아온 기술까지도 박탈당하는 기분이 들었다고 한다. 이것이 바로 사회학자들이 말하는 '능력 상실 deskilling'의 한 형태다. 리코도 그의 공학 지식을 누군가에게 빼앗긴 것은 아니다. 리코는 세월이 흘러감에 따라 자신의 내부에서 점차 허약함이 증가하는 것을 느끼며 두려워했다. 그는 기술 관련 잡지를 보면서 화가 난 듯 말했다.

"가끔 잡지 기사를 보며 나도 모르게 안타까워서 혼잣말하곤 하죠. '왜 진작에 이런 생각을 못 했을까' 하고요."

앞에서도 언급했듯이 그는 소위 '고목' 같은 고정 관념을 지닌 사람은 아닌데도, 자신의 지식 경쟁력에 대해서는 스스로를 '외곽 지대'로 뒤처진 사람이라고 생각하고 있었다. 젊음을 강조하는 세태와 나이에 관한 리코의 개인적 해석이 어우러진 결과였다. 이렇듯 사회적 편견은 잠재 능력 박탈의 내면적 두려움을 강화한다.

리코의 사무실에서도 그 두 가지가 연결된 경우가 있었다. 그는 자신이 경영하는 컨설팅 회사에 자신보다 열 살이나 어리고 유능한 엔지니어를 세 명 고용했다.

"자꾸 그들에게 의지하게 되는 게 무엇보다 저의 문제점이에요." 리코는 최첨단 기술을 지닌 그들이 자신을 버리고 떠나갈 것이라고 확신했다.

"떠나려는 사람은 기회만 생기면 가능한 한 빨리 떠나지요."

리코는 그들에게 회사의 진정한 '목소리의 위력'을 보여주고 싶었지만, 그러면 얄팍한 충성심을 지닌 젊은 인재들은 나가 버린다. 그는 자신이 이를 막기에는 역부족이라는 점을 알고 있다. 로즈도 언젠가 "전 그들에게 권위가 전혀 없어요. 아세요?"라면서 자신이 쌓아온 경험이 그들에게 존경심을 불러일으키지 못했다고 고백했다.

로즈가 뉴욕 중심가의 직장에서 보낸 시간은 그녀에게 자신이 알던 지식이 허망하게 시들어가고 있다고 느끼게 했다. 그녀의 솔직한 말에 따르면(내 생각이지만), 그녀는 새롭고 이국적인 새 칵테일은 만들기는커녕 들어본 적도 없었다. 그런데 신세대 술에 대해 회의 중에 장황한 논평을 늘어놓으며 자신의 나이를 감추려 하면서 오히려 무지를 드러내고 말았다. 당연히 사실대로 말했어야 했다. 그러나 그렇게 하면 자신이 퇴물이라는 게 드러날까 봐 두려웠다. 나는 리코가 스스로 생각하는 만큼 그의 지식 경쟁력이 소진되었다고 보지는 않는다. 또한 젊은 직원들도 해고되는 위태한 상황에서 살아남았다는 사실로 봐서, 로즈도 마찬가지라고 본다. 그들은 모두 스스로를 시험하는 순간이 왔을 때, 자신의 과거 경험이 중요시되지 않는다는 점을 두려워한 것이다.

새로운 질서는 기술 축적에 필요한 일정한 시간과 연륜이 개인에게 직장 내에서의 입지 확보와 권리를 부여해준다고 보지 않으며, 대신에 실질적인 면에 가치를 둔다. 경험의 시간적 길이를 중시하는 것은 연장자라는 권리로 조직 체제를 경직시킨 옛 관료주의적 악습의 한 가지라고 보며, 현재의 능력을 중시하는 체제를 선호한다.

영국과 미국에서 최근 정부가 유연한 회사 운영 정책을 채택한 것은 기술의 급속한 변화를 당연한 논리로 받아들이기 때문이다. '낡은' 기술을 지닌 사람들이 직장에서 해고당하는 현상은 이미 오래전부터 서서히 일고 있었다. 18세기 후반 직조와 같은 장인 기술이 신기술로 대치되기까지는 두 세대가 걸렸다. 예를 들어, 포드의 하이랜드 파크 공장에서 이루어진 변화들은 20세기 초에 시작하여 거의 30년에 걸쳐 진행되었다. 그런데 놀랍게도 오늘날의 공장과 사무실을 보면 그 기술적 변화의 속도가 비교적 느린 편이다. 많은 산업 사회학자가 연구해온 바에 의하면, 습득한 기술을 조직체가 완전히 소화하기까지는 오랜 시간이 소요된다.[26] 시간의 경과는 새로운 기술 개발에도 꼭 필요하다. 목공 서적을 읽기만 해서는 좋은 목수가 될 수 없기 때문이다.

이러한 장기적인 역사 트렌드가 이미 오랜 세월을 거쳐온 것이긴 하지만, 모험을 감행하는 시간 틀은 늘 인간을 편치 않게 했다. 시간에 대한 개인적 고뇌는 신자유주의와 깊이 얽혀 있다. 〈뉴욕 타임스〉의 한 필자는 "최근 일에 대한 불안이 도처에 침투해 자신의 가치를 희석시키고, 가족을 흩어지게 하며, 공동체를 해체시키고, 작업장 내의 유기적 관계를 변질시키고 있다"[27]고 적었다. 많은 경제학자가 이를 대수롭지 않게 여겼다. 그러나 신자유주의적 질서 속에서 일자리 창출이 새로운 문제로 등장하면서, 경제학자들의 판단이 틀렸다는 것이 드러났다. 〈뉴욕 타임스〉의 한 필자가 사용한 '불안'이라는 어휘는 정확히 적중했다. 두려움이란 앞으로 일어날 일에 대한 불안이며, 불안이란 지속적인 위험을 강조하는 환경 속에서 생겨나며, 또 불안이란 과거 경험이 현재에 아무런 가이드 역할을 하지 못하는 듯 보일 때 증가한다.

만일 경험을 인정하지 않는 것이 분명 잘못된 편견이라면, 중년 세대인 우리는 젊은이들을 위한 조직 문화의 희생물이라 자위할 수도 있겠으나, 시간에 대한 우리의 불안은 더욱 깊이 파고든다. 우리가 살고 경험해온 세월이 무의미하게 보일지 모른다. 우리의 경험이 부끄러운 인용 수단으로밖에 안 보일지도 모른다. 그러나 도박하듯 순간적인 결정을 내리는 것보다는 실제로 냉혹한 경험의 세월을 통과하고 나서야 비로소 모험이 닥쳐올 때 확실한 자신감을 가질 수 있는 것이다.

트라우트로 돌아온 로즈는 기력을 되찾았고, 이후에 폐암으로

죽을 때까지 안정적으로 살았다.

“제가 실수한 거였어요.”

나와 한가롭게 술 담배를 함께하던 날, 로즈는 당시 회사 근무 시절을 회상하며 말했다.

“하지만 그때 전 그렇게 할 수밖에 없었어요.”

| 노동 윤리 |

변화되어온 노동 윤리

오스카 와일드는 장편 소설《도리언 그레이의 초상》서문에서 "모든 예술은 겉모습이자 동시에 상징이다"[1]라고 선언했다. 겉모습을 가장해 살아가는 사람들도 역경이 닥쳐오면 마찬가지로 겉모습인 동시에 상징이 된다. 현대 사회의 피상적 모습은 그러한 예술의 겉모습과 가면보다 더 형편없는 것이다. 앞서 우리가 살펴본 리코의 주변 사람들도 리코를 겉모습 이상으로 봐주지 않았다. 사용하기는 편리하지만 일에 대한 표면적 이해밖에 제공해주지 못하는 기계를 사용하는 제빵사들, 그리고 인간의 속성 중 가장 덧없는 젊음과 외모를 중시하고 개인의 축적된 인생 경험의 가치를 전혀 인정하지 않는 뉴욕 파크 애비뉴의 광고 회사. 이러한 것들이 모두 그 예가 될 수 있다.

이렇게 형편없는 피상성에 매달릴 수밖에 없는 한 가지 이유는 시간 개념의 혼돈이다. 시간의 화살은 부러져 있다. 계속되는 리엔지니어링과 정형성에 대한 거부, 그리고 단기적인 정치, 경제 속에서 그

궤도를 잃어버렸다. 사람들은 지속적인 인간관계와 확고한 목적의식이라는 측면에서 자신이 결핍 상태라는 점을 자각하고 있다. 앞서 소개한 인물들은 피상적인 시간 개념 속에서 현실에 대한 불편과 고뇌를 해소할 답을 찾고자 했다.

오늘날의 노동 윤리는 그 어느 때보다도 경험의 깊이를 위협하고 있다. 우리가 이해하고 있듯이, 노동 윤리란 만족을 자제하고 시간을 가치 있게 사용하기 위한 자기 훈련을 말한다. 시간의 이러한 훈련은 제너럴 모터스의 윌로우 런 공장 근로자들이나 보스턴의 그리스인 제빵사들뿐만 아니라 엔리코의 삶에서도 엄격했다. 그들은 열심히 일했고 기다렸다. 깊이 있는 정신적 경험이었다. 노동 윤리는 기다리는 훈련을 쌓을 수 있을 만큼 충분히 안정된 제도적 토대에서만 가능하다. 만족에 대한 자제력도 급속히 변하는 제도 속에서는 그 가치를 인정받지 못한다. 상품을 팔아 치우고 바꾸는 데에만 연연하는 고용주를 위해 오랫동안 열심히 일하는 것은 어리석게 여겨진다.

연장자들을 섬기고 존경한다거나, 훌륭한 옛 시대의 풍물을 즐기는 의식이 점차 쇠퇴해가는 것을 아쉬워하는 것, 자기 훈련과 일에 대한 열의가 식어가고 있다는 데 유감스러워하는 것은 이제 시시한 감상주의로 여겨질 뿐이다. 옛 노동 윤리를 담은 진지한 사업은 일하는 사람들에게 무거운 부담을 지워주었다. 사람들은 일을 통해 자신의 가치를 입증하고자 했다. 막스 베버가 말하듯 '세속적 금욕주의'의 형태로, 지체된 만족은 마음 깊은 곳에 자리 잡아 자기 파괴적인 행동을 유발하기도 했다. 그러나 오랜 시간 훈련과 교육에 대한 반발이 이어지고 나서야 마련된 현대의 대안도 자기 부정에 대한 진정한 치유가 되어주지 못한다.

현대의 노동 윤리는 팀워크에 초점을 맞추고 있다. 팀워크에서는 타인에 대한 감수성이 중요시된다. 상대방의 이야기를 잘 들어주고 협조적인 일종의 '부드러운 기술'을 필요로 하며, 무엇보다도 팀워크에서는 환경에 대한 적응력이 강조된다. 팀워크는 또한 유연한 정치, 경제에 적합한 노동 윤리라고 볼 수 있다. 현대 경영이 사무실이나 작업장 내에서의 팀워크를 심리적 압박을 받을 정도로 강조하고 있는데도 불구하고, 팀워크는 결국 경험의 표면에 머물 수밖에 없는 직업의 관습이다. 즉, 팀워크는 품위가 없는 피상성의 집단 경험이다.

과거의 노동 윤리 덕목을 나타내는 표현들이 현재의 노동 현장에서 사라져버렸는데도 불구하고, 그것들은 여전히 중요한 인간성의 개념들을 드러낸다. 과거의 노동 윤리는 시간 관리나 일상적인 일에 대해 단순히 수동적으로 복종하기보다는 스스로에게 책임을 부과하는 자발적인 실천에 초점을 맞추었고, 각자의 시간에 대한 자기 훈련에 토대를 두었다. 과거에는 이렇게 스스로에게 부과하는 훈련이 변화무쌍한 자연에 적응하는 유일한 방법이라고 생각했다. 그것은 농부들의 일상에 요구되는 필수 요소이기도 했다. 헤시오도스가 시골 생활을 묘사한 《노동과 나날*Erga kai Hemerai*》에서 농부들에게 권고하는 글을 보면 다음과 같다.

> 내일로, 또는 그다음 날로 일을 미루지 말라.
> 목적 없이 시간을 낭비하고 미루는 사람들은
> 곳간을 채우지 못하느니라.

일은 책임과 함께 번창하나니,
일을 미루는 사람은 망하게 마련이다.[2]

자연은 불확실하고 냉혹하다. 따라서 농부들의 일과도 혹독할 수밖에 없다. "인간은 낮에는 흙과 탄식으로 쉬지 못하며, 밤에는 걱정과 괴로움으로 쉬지 못한다"고 헤시오도스는 적었다.[3]

그러나 헤시오도스 시대에는 시간 사용의 자발적 훈련이 인간의 미덕이라기보다는 동물적인 필요로 여겨졌다. 헤시오도스 시대의 농부들은 대체로 자유 소작농보다는 노예가 많았다. 소작농이건 노예건 냉혹한 자연을 상대로 한 농부들의 투쟁은 도시 국가들끼리 싸우는 전투에 가려져 드러나지 못했을 뿐이다. 후에 위대한 역사가 투키디데스는 냉소적인 어조로 그깟 농부들의 노동력을 구태여 빼앗으려 애쓸 것까지 있냐는 듯이, 스파르타와 아테네가 서로 상대측의 시골 지역을 차지하기 위해 힘을 낭비한다고 기록했다.

시간이 흐름에 따라 농부의 도덕적 소양이 고양되었고, 고된 노동의 필요성도 하나의 미덕이 되었다. 헤시오도스 시대에서 500여 년이 지난 후 로마의 시인 베르길리우스는 《농경시*Georgica*》 제1권에서 자연의 무질서를 탄식하며 노래했다,

종종 나는 격노하는 바람을 보았네.
거대한 농작물을 뿌리째 뽑아내어
사방으로 흩어버리는 바람, 마치
농부가 보리 베는 도구로 탈곡하듯이,

캄캄하고 휘몰아치는 구름 속의 폭풍은
보리 잎과 나뒹구는 낱알들까지 한꺼번에 흩어버렸네.[4]

헤시오도스와 마찬가지로 베르길리우스도 농부가 이러한 회오리바람에 맞설 수 있는 방법은 시간을 최대한 잘 활용하는 것이라고 여겼다. 인내하는 농부의 확고한 강직함이 영웅시되었다.

《농경시》 제2권에는 매우 유명한 시 구절이 있다. 베르길리우스는 농부를 "결과가 불안한 전투에" 참전하는 군인의 모습으로 묘사한다. 농부는 전투적 기질과는 거리가 멀고, 더욱이 "사멸할 운명에 처한 제국 로마"의 전투에는 무관심했다.[5] 그들에게 자연에 대한 결정적인 승리란 있을 수 없으며 승리는 오직 환상일 뿐이었다. 베르길리우스는 《농경시》를 통해, 농사가 지닌 도덕적 덕목이란 농작물의 산출과는 관계없이 인간에게 끊임없이 각오를 다지도록 가르치는 것이라고 보았다. 헤시오도스의 《노동과 나날》 중에서 "일을 미루는 사람은 망하게 마련이다"라는 구절을 통해 베르길리우스는 우리에게 하나의 새로운 의미를 부여한다. 우리 모두에게 내재되어 있는 '농부 근성'은 우리 자신을 파괴하려는 속성과 씨름한다. 《농경시》는 자연의 무질서를 내적인 심령의 무질서라는 시각에서 재조명한다. 이러한 내적 폭풍에 맞서는 개인의 유일한 방어책은 자신의 시간을 잘 조직하는 것이다.

자기 훈련의 이념이 처음으로 형식을 갖춘 것은 강한 스토아주의의 처방에서였다. 이는 철학적 스토아주의가 아니라 실용적 스토아주의로, 승패에 대한 부담감 없이 내적 무질서와 영구적 투쟁의 필요성을 가르치는 것이 특징이다. 초기 기독교 신앙에 흡수되는 실용적 스토아주의는 나태함을 규제하는 초기 기독교 교리의 기초가 되었는데, 여기서 말하는 나태란 내적 자아의 완전 해체보다는 약간 덜한 향락적 상태다. 초기 르네상스에 이르기까지 거의 1천 년의 세월 동안 성 아우구스티누스가《고백록》에서 지적한 나태에 대한 견해 때문에, 이러한 실용적 스토아주의가 윤리적 가치관의 한몫을 확실하게 차지했다. 그 당시 시간은 보통 교회 종소리에 맞추어 배분되었는데, 시간을 조직하는 데 도움은 되었지만 자기 훈련을 향한 열망을 불어넣지는 못했다. 즉, 그 열망은 도처에 편재하는 내면과 외면의 혼돈에 대한 더욱 깊은 이해가 있어야 생성될 수 있는 것이었다.

초기 르네상스 시대에 이러한 뿌리 깊이 박힌 실용적 스토아주의에 새로운 것이 꿈틀대기 시작했다. 직접적으로 윤리적 가치를 위협한 것은 아니었지만 인간을 역사적 창조물이라고 이해하는, 언제나 세월이 흐르는 대로 인내하기만 하는 창조물이 아니라 진화하고 변화하는 창조물로 이해하는 새로운 인식의 영향을 받은 것이다. 농부에게 영구적 스토아주의는 역사적 흐름에 적합하지 못한 것이었다. 자신을 끝없이 변화하는 흐름에 적응시키는 것이 자기 훈련의 조건이었다. 그렇다면 과연 어떻게 적응시킬 것인가?

르네상스 시대 피렌체 출신의 철학자 피코 델라 미란돌라는《인간의 존엄성에 관한 연설》에서 이러한 딜레마를 설명했다. 피코는 호모 파베르homo faber, 즉 '스스로 만들어내는 인간'이라는 현대적 개념을 세운 인물이다. 피코는 "인간은 다양하고 여러 형태를 지닌, 파괴되기 쉬운 본성을 가졌다"[6]고 주장했다. 또한 이러한 유연한 조건 속에서 "자신이 선택한 것은 소유하고, 자신이 의도하는 대로 되는 것"[7]이라고 적었다. 세상을 전수받은 그대로 유지하기보다는 오히려 새롭게 만들어가야 한다는 것이다. 바로 여기에 인간의 존엄성이 의존한다. 피코는 "우리 자신에게서 아무것도 생산해내지 못하는 것은 불명예스러운 일"[8]이라고 역설했다. 세상에서 우리가 할 일은 창조하는 일이며, 가장 위대한 창조는 자신의 역사를 스스로 형성하는 것이다. 그럼으로써 일반적으로 자신의 경험으로 자신의 역사를 형성하는 미덕을 지녔는가 하는 것이 강한 개성을 지닌 사람인지 아닌지의 여부를 판단하는 기본적 기준이 되었다.

그러나 호모 파베르 개념은 전통적 기독교 교리에 역행한다. 성 아우구스티누스는 "자아에서 손을 떼라. 자신을 만들어가고자 한다면, 그것은 파멸을 자초하는 것이다"라고 경고했기 때문이다. 성 아우구스티누스와 같은 신념을 지닌 기독교인들은 마땅히 예수의 생애를 닮아야 했다. 르네상스 시대의 주교인 틴데일도 "우리는 그리스도를 쫓고 닮아가도록 해야 한다"면서 교구민들을 훈계했다. 어떠한 순수한 개인적인 창조도 그에 비해선 열등하고,[9] 각자의 시간을 활용하는 훈련은 미덕이지만 자신의 경험을 계획하는 것은 자만의 죄라고 했다.

피코 역시 이러한 기독교 신념을 모르지 않았다. 그 또한 올바른 기독교적 처신이 자기 훈련과 예수의 모범적 삶을 배우는 것이라고 믿었다. 그러나 한편으로, 역사적 시간에 대한 그의 상상은 호메로스 서사시와 같은 정신적 여행의 문학적 모델들을 통해 형성되었다. 피코는 최종 목적지를 결코 의심하지 않았지만 불굴의 방랑을 통해 자신만의 자아가 담긴 역사를 창조해낸 오디세우스를 인용했다. 피코의 기독교관은 최종 목적지에 대한 확신을 지니고 있었지만, 바다로도 나가고 싶어 했다. 그는 인간 내면의 바다가 르네상스 탐험가들이 항해한 대양과 마찬가지로 미지의 영역이라는 사실을 알았기 때문에, 그 내면의 바다에서 심리적 모험을 환영한 르네상스 철학자 중 하나였다.

윤리적으로 상반된 두 가지 요소, 즉 자기 훈련과 자기 형성은 노동 윤리에 관한 가장 뛰어난 저서인 막스 베버의《프로테스탄트 윤리와 자본주의 정신》에 소개되었다. 그는 당시 떠오르는 자본주의의 여명을 분석하면서, 이 두 요소를 대조하기보다는 상호 보완적인 조화를 이루어보고자 했다. 베버에 의하면, 헤시오도스가 농부에게 역설한 '미루지 말라'는 권고가 자본주의에서는 부분적으로 역전되어 '미루어야만 한다'가 되었다고 한다. 우리가 진짜로 미루어야 할 것은 충족과 성취에 대한 열망이다. 우리는 마지막에 가서 어떤 것을 성취하기 위해 우리 인생사를 형상화해야 한다. 그래야만, 그런 연후에야, 미래에 욕구가 충족될 것이다. 현재로서는 베르길리우스의 농부처럼, 엄격하고 냉혹할 정도의 시간 배당을 통해 여전히 내면의 혼돈이나 나태와 맞서 싸워야 한다. 베버는 통명스럽게 이러한 노동 윤리를 기만으로 간주했다. 왜냐하면 미루는 데는 끝이 없고, 현재의 자신을 부정하는 것은 어리석은 짓이며, 그에 따르는 약속된 보상은 결코 받을 수 없기 때문이다.

노동 시간에 관한 견해를 베버는 인간성에 대한 근대적 신앙을 비판하는 데, 특히 인간은 스스로 만들어내는 존재라는 믿음을 비판하는 데 이용했다. 대학에서는 흔히 베버의 역작에 대해 다음과 같이 가르친다. 즉, 17세기 프로테스탄트는 자기 훈련을 통해 하느님의 관점에서 스스로의 가치를 증명받기를 원했다. 수도원에 가서 회개하는 가톨릭과는 달리, 프로테스탄트는 자신의 노동을 통해서, 그리고 현재의 자신을 부인하면서, 매일의 희생을 통해 덕목의 작은 징표들을 축적하면서, 자신의 가치를 나타내 보이고자 했다. 이러한 자기 부인이 소비보다는 저축, 일상 활동의 정형화, 쾌락의 회피 등을 강조했고 결국 18세기 자본주의의 실천 강령인 '세속적 금욕주의'가 되었다는 식이다. 그러나 베버가 그런 하찮아 보이는 부분에 주목했다고 의도적으로 축소하는 것은 베버의 저작에 부여된 비극적 위대함을 애써 무시하려는 의도다.

베버에 의하면 기독교는 사람들이 스스로에게 '나는 과연 가치 있는 인간인가?'라고 묻게 하여 심오하고 고통스러운 의문에 빠지게 만들기 때문에 다른 신앙과는 구별된다. 타락과 그 결과들은 그 질문에 대해 '난 그렇지 않다'라는 단호한 대답으로 나타난다. 그러나 어느 종교도 인간이 가치 있다는 위안을 주지 못한다고 주장할 수는 없다. 만일 그렇다면, 그것은 자멸하게 만드는 처방일 것이다. 프로테스탄트의 출현 이전에 가톨릭은 교회의 제도와 의식, 그리고 성직자들의 신성한 권력에 복종하라고 훈계하면서 타락하는 인간성을 회복하고자 노력했다. 프로테스탄티즘은 자아의 회의에 가톨릭보다 개인주의적인 처방을 강조했다.

묘하게도 마르틴 루터는 베버의 입장에서 보면 대표적인 인물이어야 했으나 실상은 그렇지 않았다. 비텐베르크의 만인 성자 교회문에 '95개 조항'의 항의문을 붙여 교황의 종교 정책에 반대한 이 파격적인 개혁의 성직자는 가톨릭적 의식의 위안에 반기를 들고 좀 더 진솔하게 체험하는 신앙을 강조했다. 즉, 신앙은 동상이나 그림에다 기도하고 향내를 맡으면서 생기는 것이 아니라고 루터는 주장했다. 신을 상징하는 아이콘에 대한 공격(성상 파괴주의)은 이슬람교나 유대교에서와 마찬가지로 교회의 역사에서도 오랫동안 존재해왔다. 우상 숭배를 단념하고, 신앙의 문제에 대해 공동체의 한 구성원으로서가 아니라 다른 사람의 도움 없이 혼자 맞서야 했다는 점에서 루터의 주장은 특별하다. 그의 주장은 개인에 초점을 맞춘 신학이었다.

프로테스탄트 개인은 의미 있고 가치 있는 전체를 채우도록 자신의 역사를 형성해야 했다. 개인은 윤리적으로, 특히 자기가 누린 시간을 책임져야 한다는 것이다. 피코가 설정한 여행자는 자기 스스로에게 얼마만큼의 수면 시간을 허용하는지, 자녀들에게 어떻게 말버릇을 가르치는지 등 여러 가지 세세한 점에 이르기까지 자신이 살아온 행로를 이야기함으로써 도덕적으로 판단할 수 있다고 보았는데, 루터도 우리가 인생사에서 일어나는 일들을 작은 것까지 제어할 수는 없으나 그 모든 것에 반드시 책임을 져야 한다고 주장했다.[10]

《프로테스탄트 윤리와 자본주의 정신》에서 베버는 개인이 자신의 생활사에 대해 책임지는 것을 불가능하게 만든 프로테스탄트 교리의 한 측면에 집중했다. 루터는 "누구도 자기가 완벽하게 뉘우쳤다고 확신할 수 없다"[11]고 선언했다. 대개 기독교인들은 각자의 입장을 정당화할 수 없다는 불안한 의혹을 지니게 되는데, 이러한 기독교인들의 의혹은 프로테스탄트 교리의 이론적 난해함에서 비롯된다. 칼

뱅은《기독교 강요》에서 한 영혼이 죽음 이후에 구원을 받느냐, 저주를 받느냐는 오직 신만이 아신다고 주장한다. 즉, 우리는 신성한 신의 섭리를 예측할 수 없다. 죄의식의 무게에 짓눌려, 영원히 불타는 형벌을 받게 되지는 않을까 불안해하면서 인간은 불안정 상태에서 헤어 나오지 못한다. 이것은 프로테스탄트 인간형의 불행한 운명이다. 우리의 도덕 수준을 높이고자 노력해야 하면서도 자신 있게 '나는 선하다', '나는 선한 일을 해냈다'고 말할 수 없으며, 말할 수 있는 것은 '나는 잘 해냈다' 정도다. 칼뱅의 신은 '더 열심히 노력하라. 무엇을 하든지 충분히 선한 것은 없다'고 말하는 신이다.

이 또한 자기 파멸적 처방을 받는 모험일 수 있다. 그러나 프로테스탄트에게서는 의식에서 사용하는 향유가 아니라 쓴 약이 처방된다. 즉, 미래를 지향하는 냉혹하고 고된 노동이 요구된다. 각자의 인생 이야기를 힘든 일을 통해 꾸미는 것은 어둠 속에서의 작은 불빛으로, 즉 지옥에서 구원받은 사람들에게 주어지는 '자비의 징표'로 이용될 수 있다. 그러나 가톨릭에서의 선행과는 달리, 프로테스탄트에게서는 고된 노동을 한다고 해서 자기 창조주의 큰 은혜를 체험하게 되지는 않는다. 노동은 모든 상황을 미리 결정한 신성한 재판관의 눈에는 기껏해야 선의의 한 표현으로 보일 뿐이다.

이것이 바로 '세속적 금욕주의'라는 추상적 개념 뒤에 숨어 있는 놀라운 사실이다. 베버의 견해에 따르면, 프로테스탄트가 자본가들에게 유산으로 물려준 의지는 자기 훈련과 자기 부정의 행위로 향락하기보다는 절약하라는 것이었다. 이러한 심리적 흐름으로 새로운 형태의 인간성이 만들어졌다. 즉, 자신의 일을 통해 도덕적 가치를 증명하기 위해 늘 스스로를 몰아붙이는 인간형이 생겨난 것이다.

베버는 이러한 인간성의 세속적 금욕주의의 한 예로 미국적 상을 제시했다. 바로 재기 넘치는 저명한 외교가이자 발명가이고 정치가였던 벤저민 프랭클린이다. 그는 호감을 자아내는 상냥한 외양과는 달리 쾌락을 두려워하고 일에 대해 강박 관념을 가진 사람이라고 묘사된다. 베버의 책에서 그는 시간을 돈이라고 여기며, 돈을 아끼려고 맥주나 담배도 멀리하고, 단 1페니라도 아끼는 것이 미덕의 표시라고 여기는 사람으로 등장한다. 노동 윤리를 부지런하게 실천하는 사람도 자기 의심에서 빠져나오기는 힘들다. 프랭클린은 자신이 충분한 능력을 갖추지 못했으며 사실 어떠한 성취도 이루지 못한 사람이라고 여기는 등 끊임없이 두려움에 시달린 사람이다. 그러한 정신 상태로는 일에 대한 완전한 성취감을 얻을 수 없다.

늘 자기를 몰아붙이는 사람은 그렇다고 해서 폭음이나 사치와 같은 부자들의 죄악에 대한 가톨릭적 이미지에 동의하지도 않는다. 그들은 지나치게 경쟁적인 인간성을 가졌고, 자신이 얻어낸 것을 즐기지 못한다. 그런 사람은 평생 남에게 인정받고 스스로에게 존중받기 위해 끝없이 추구하게 된다. 그리고 막상 남이 세속적인 것을 절제하는 그의 금욕주의를 칭찬이라도 하면, 그것이 스스로를 인정하는 것이 될까, 즉 자기 부정에 어긋나게 될까 염려하여 그 칭찬을 받아들이기를 두려워한다. 현재의 모든 것은 최종 목표를 위한 도구일 뿐이고, 현재의 어느 것도 그 자체만을 위해 중요하지는 않다고 여긴다. 이것이 바로 세속적인 사회에서 개인 신학이 유래한 과정이다.

《프로테스탄트 윤리와 자본주의 정신》은 경제사에 대한 연구물로서는 온통 오류투성이다. 경제에 대한 분석서지만 이상하게도 자본주의의 추진력이 되는 소비의 중요성을 간과하고 있다. 그러나 어느 특정한 유형의 인간성에 대한 비판이란 측면에서 보면, 그 목적과 실천 두 가지 모두 일관성이 있다. 스스로를 몰아붙이는 사람의 노동 윤리는, 베버가 보기에는 인간적인 행복의 원천이나 진정한 심리적 강인함의 기초가 되지는 않는다. 그런 사람은 자신이 집착하는 일의 중요성에 너무 깊이 함몰되어 있다. 미셸 푸코는 훈련이란 자기 처벌 행위의 일종이라고 했는데, 이러한 견해는 노동 윤리에 대한 베버의 해석과 그 맥락을 같이 한다.[12]

개인의 시간 활용 훈련이 처음 생각한 만큼 그리 단순한 미덕이 아니라는 데 중심을 두고 나는 이에 관련된 역사를 상세히 조사했다. 고대 세계에서는 시간 활용 훈련이 엄격하고 냉혹한 투쟁이었고, 르네상스 시대에는 호모 파베르의 의견을 추종하는 자들의 풀기 힘든 수수께끼였으며, 개인의 신학에서는 자신을 처벌하는 근거가 되었다. 노동 윤리의 약화가 문명화를 위해 확실히 이득이란 말인가. 그렇다면 확실히 이렇게 스스로를 몰아붙이는 사람을 성가시게 하는 복수의 여신들을 몰아내야만 한다.

그러나 그것은 일하는 자아가 짊어질 무게가 얼마만큼 경감되느냐에 달려 있다. 현대적 형태의 팀워크는 여러 면에서 막스 베버가 인식한 노동 윤리에 역행하고 있다. 개인이 아닌 그룹의 윤리인 팀워크는 개별 구성원의 가치보다는 팀 구성원의 상호 반응을 강조한다. 팀에 배정되는 시간은 유연하며, 대체로 참을성과 기다림이 특징인 장기적인 예측보다는 단기적인 특정 업무에 맞춰져 있다. 그러나 팀워크는 현대 작업장을 에워싸면서 품위가 떨어지는 한 차원 낮은 수준으로 우리를 이끈다. 실제로 팀워크는 비극의 영역을 벗어나서 인간관계를 일종의 광대극으로 취급한다.

보드카 사건을 보도록 하자. 로즈가 파크 애비뉴에서 일하던 당시, 그 회사는 분명히 장기적인 문제에 봉착해 있었다. 자신만의 고유한 맛이 없는 어느 보드카 회사의 광고를 맡았는데, 그들의 마케팅 전략은 그럼에도 이 술이 다른 것보다 뛰어나다고 고객을 설득하는 것이었다. 이 상황에서 유감스럽게도 로즈는 트라우트 바 경영에서 얻은 경험을 살려 이 난해한 과제를 풀겠다고 나섰다. 러시아산 스톨리치나야 보드카 병에다가 캐나다의 무명 회사에서 만든 싸구려 보드카를 대신 채워 넣어 술집을 운영한 경험을 떠올린 것이다. "그런데도 그 차이를 알아채는 사람이 없더라고요." 그녀는 자신만만하게 그때 일을 내게 털어놓았다.

그녀가 광고 회사에 근무할 당시, 주류 회사 하나가 이러한 딜레마를 해결하기 위해 거액을 걸고 광고 회사들을 상대로 아이디어를 공모했다. 그녀의 회사에서도 새로운 병 모양을 고안했고, 러시아어로 된 제품명, 새롭고도 묘한 맛, 심지어 포장 상자 모양까지 모든 아이디어가 토론되고 제시되었다. 하나의 코미디극과 같은 이 공모에서 로즈도 그녀만의 독특한 해결 방안을 내놓았는데, 내 생각에는 분명 아이로니컬한 내용이었다. 그녀는 꿀맛을 지닌 기존 러시아산 보드카를 하나 골라냈다. 그리고 그것을 건강 음료로 내세우자고 제안했다.

이 코미디극에 그녀가 진지하게 참여한 이유는, 그녀가 이미 팀의 '내부 영역'에 더는 끼지 못했기 때문이다. 다시 말해서 그녀는 회사의 '보드카 팀'을 실질적으로 구성하고 있는 (다른 회사의 아이디어에 관한 정보와 소문들로 연결된) 커뮤니케이션 망의 바깥에 있었다. 사실 공식적인 조직보다는 이러한 커뮤니케이션 망이 보드카 팀과 그 구성원에게 활력을 불어넣어주었다. 현대 커뮤니케이션 기술이 어떤 면에서 공동 작업을 가속했으나 미디어 산업, 최소한 뉴욕의 미디어 산업에서는 직접 얼굴을 마주하는 방법이 여전히 의사 전달의 주요 수단이었다. 그녀는 사무실 밖에서 열리는 파티나 클럽, 식당에서 자주 열리는 '자유 토론'에 적응하지 못했다. 앞에서 말했듯이 그녀의 나이와 외모는 그녀를 그 토론에서 밀어내는 요인이었다.

그러나 실은 그보다 더 심각한 요인이 있었다. 로즈는 술집을 경영하면서 실제로 술 마시는 사람들을 많이 대해왔다. 그녀는 그 경험에 관한 각종 정보를 설명하겠다고 토론을 끊기게 만드는 등 팀원들의 눈에 거슬리는 언행을 하여 스스로 그런 분위기를 자초했다. 예를 들어, 보드카를 두고, 계속 마셔도 그 냄새를 아무도 알아채지 못하기 때문에 알코올 중독자라는 점을 숨기고 싶어 하는 사람들이 선택하는 술이라고 말했다. 그러나 동료들은 이것이 그녀의 사적인 지식이며 그들의 토론에는 방해가 된다고 여겼다. 즉, 그녀의 전문 지식이 종종 의사 전달 체계를 얽히게 하는 요인이 되었다. 사람들이 하나의 이미지를 놓고 협력하여 일하는 비물질적인 팀워크에서는 사실을 전달하는 행위 자체가 전달된 사실보다 더 중요하다. 정보 교환을 위해서는 대화의 장이 개방되어 있어야 하고, 접근할 수 있어야 한다. 일단 그렇게 되면, 루머 형성과 정보 공유가 팀워크의 실체가 된다. 경쟁자들에 대한 자유 토론은 커뮤니케이션에 활력을 불어넣고, 반면 딱딱한 사실들은 커뮤니케이션 에너지를 약화한다. 실제로 이러한 종류의 정보 교환이 자기 자신을 소모시키는 경향도 있다. 로즈의 회사도 이와 마찬가지로, 러시아어 제품명에 대한 자유 토론은 모든 정보와 소문이 낱낱이 커뮤니케이션 네트워크에서 공유될 때까지 계속되었고, 그 토론이 끝나자 육각형 포장 상자에 대한 자유 토론이 이어졌다.

이러한 직원들의 공동 노력에도 불구하고 회사는 계약을 따내지 못해 더욱 힘겨운 상황에 처하고 말았다. 로즈는 회사의 재정 상태가 심각했기 때문에 그 팀에 대한 상호 비난과 질책이 있을 것이라 예상했다. 더욱이 회사의 간부들은 실패에 따른 손실로 괴로워할 것이고, 평직원들도 무척 '비통함'을 느낄 것이라 생각했다. 그러나 그들은 뜻밖에도 전혀 다른 반응을 보였다. 오히려 자기 보호적이었고, 서로를 질책하는 일도 없었다. 그들은 자신을 정당화하기 위한 노력조차 하지 않았다. 그럴 시간조차 없었다. 며칠 후 보드카 팀은 해체되지 않고 또 다른 프로젝트로 그대로 옮겨졌다.

그룹 행동에 관한 전문가라면 이런 과정을 당연히 예상했을 것이다. 그룹은 일의 표면에만 매달려 결속하는 경향이 있다. 어렵고 논란의 여지가 많은 개인적인 질문 같은 것은 피해 가면서 피상적으로 협력한다. 따라서 팀워크는 집단 순응적 결속을 위한 또 다른 예라고 할 수도 있다. 그러나 커뮤니케이션과 정보 공유의 윤리는 순응성을 독특하게 왜곡한다. 즉, 유연성과 변화에 대한 개방성을 강조하여 팀의 구성원들끼리는 파티-사무실-점심 식사-클럽으로 연계된 네트워크를 근거로 루머나 제안 등 아주 사소한 아이디어에도 영향을 받는다. 앞서 말했듯이, 뉴욕 광고업자들은 빈틈없고 정돈된 집단 순응주의자들은 아니다. 예전의 작업 문화에서 순응주의자란 누구라도 그의 반응을 훤히 알 수 있는 너무나도 평범하고 신뢰할 만한 인간성의 인물을 말했다. 그러나 지금과 같이 이미지와 그 정보에 대한 유연한 문화에서는 평범함과 신뢰성은 별로 환영받지 못할 인간성의 특징이다. 보드카 사건이 제기한 문제에 대한 최종적 답변이 있을 수 없는 것과 마찬가지로, 이 경우에도 어떠한 확실한 근거가 없다.

'아무것도 당신에게 걸리지 않게 하라'는 로즈의 명언은 이 경우에 팀장에게 특별한 방법으로 적용되었다. 보드카 팀장은 상사라기보다는 다른 팀원들과 동등한 위치에서 보드카 캠페인을 벌였다. 경영학 용어로 그의 업무상 역할은 그룹 내에서 해결책을 '촉진'하고 '조정'하는 것이다. 그는 진행 과정의 관리자일 뿐이다. 그의 임무인 촉진과 조정은 임기응변적 재치만 있으면 충분히 수행할 수 있고, 실제로 결과에 대한 책임과는 상관이 없을 수도 있다. '리더'라는 말은 권위주의적 전통 의식에는 거의 적용되지 않는다. 또한 촉진하고 조정하는 일은 고대 농부들이 자연과 싸우는 식으로 인간성을 형성한 것과 같은 엄격하고 결단성 있는 의지적 행위도 아니다.

내가 묘사한 것을 노동 윤리라고까지 말할 가치가 있는지 잘 모르겠지만, 로즈에게는 이러한 집단적 환경이 충격적이었다. 트라우트바에서 일할 때는, 구세대의 노동 윤리와 같은 것을 실천했다. 재료를 공급받아 버거와 음료를 마련하는 등 그때그때의 업무는 그녀에게 깊은 만족감을 주지는 못했다. 하지만 그녀는 미래를 위해, 즉 그녀의 딸들을 대학까지 보낼 수 있을 만큼 돈을 모으기 위해, 트라우트 바를 나중에 은퇴 후의 생활을 꾸려가는 데 부족함이 없을 만큼 좋은 조건으로 처분할 수 있는 사업체로 키우기 위해 열심히 일했다. 아마도 실수였던 순간, 그녀가 더는 기다릴 수 없으며 자기 인생에서 뭔가 더 할 수 있을 것이라고 결정하여 피코가 말한 항해에 뛰어들 수 있다고 결심까지 한 그 순간, 그녀에게도 자기 부정이 찾아왔다.

베버의 세속적 금욕주의는, 우리가 이미 본 대로, 세속적 세상에서 루터식의 개인 신학을 실현했다. 세속적 금욕주의의 덫에 걸린 개인은 힘든 노동을 매개로 스스로를 통제할 힘을 얻고자 분투한다. 더욱이 늘 스스로를 몰아붙이는 사람들은 자신을 '정당화'하려고 애쓴다. 로즈도 광고 회사에서 다른 노동 윤리를 발견했는데, 그것은 현실(즉, 이미지와 표면에만 맞추는 회사)에 완전히 순응하는 것이었다. 그 광고 회사에서는 노동 윤리의 카테고리들이 개인적이라기보다는 집단적으로 보였고 더 유연하며 관대했다.

그러나 생각처럼 그렇게 우호적인 것은 아니었다. 물론 팀 내에서도 힘겨루기 게임이 있지만, 커뮤니케이션과 조정, 중재 등의 '부드러운' 기술이 강조되면서 이전에 보이던 힘의 양상이 근본적으로 변화했다. 확신에 찬 주장, 즉 '이것이 옳은 길이다'라든지 '내가 이해하고 주장하는 것이니 내 주장을 따르라'와 같은 식의 권위주의는 사라졌다. 이제 권력을 지닌 사람이라고 해서 무조건 자신의 명령을 정당화하지는 못한다. 오직 다른 사람들의 능력을 북돋우고 '조정'할 수 있을 뿐이다. 권위주의적인 위력을 잃은 권력을 대하면서, 직원들이 다소 우왕좌왕 갈피를 잡지 못할 수도 있다. 또 스스로의 힘으로 결정해야 한다는 생각에 쫓길지도 모르지만, 이제 직원들에게 응대해줄 높은 자가 사라졌다. 칼뱅의 신은 이미 떠나갔다. 이렇듯 팀워크에서는 상당히 특수하고 분명한 형태로 권위가 사라지고 있다.

팀워크는 미국 노동부 장관 엘리자베스 돌의 지시로 수행된 연구에서 현대 미국식 경영의 실천 사례로 공인받았다. 필요 기술 성취위원회(SCANS)가 1991년 제출한 보고서 〈SCANS 리포트〉가 그것인데, 유연한 경제에 필요한 기술에 관해 적고 있다. 모두가 예상하듯이, 그 보고서는 기술적 능력뿐 아니라 언어나 수학적 기술 등 근본적인 것에 상당 부분 지면을 할애한다. 놀라운 것은 기성세대인 돌과 그 추종자들이 상대의 말 경청하기, 교육 그리고 팀 내에서의 조정 등을 힘있게 강조했다는 점이다.[13]

팀에 대해 SCANS가 제시한 이미지는 그들이 한마을에 산다기보다는 특수한 당면 임무를 수행하기 위해 소집된 사람들의 모임이라는 것이다. 보고서 저자들은 근로자들이 단기적인 과업을 수행할 때는 다양한 인간성의 사람들과 조화롭게 일할 수 있는 능력을 지녀야 한다고 주장했다. 일에 적용되는 사회생활의 기술들을 쉽게 익힐 수 있어야 한다는 의미다. 마치 컴퓨터 스크린의 이 창에서 저 창으로 옮기는 것처럼, 근로자들이 이 팀에서 저 팀으로 이동하거나 팀의 다른 구성원들이 이동할 때 다른 사람의 말을 경청하고 도와주는 등의 기술 말이다. 초연함 또한 좋은 팀원으로서 지녀야 할 조건이다. 이미 성립된 관계라도 필요하다면 물러설 수 있는 능력을 지녀야 하며, 또한 그 관계가 어떻게 변화할 것인지를 빨리 판단할 수도 있어야 한다. 또 음모나 배반, 질투 등과 같이 과거 이야기로 빠져들기보다는 먼저 눈앞에 있는 임무에 대해 구상해야 한다.

유연한 작업 현장에서 나타나는 팀워크의 실상에 대한 보고서는 처음부터 끝까지 팀워크를 스포츠에 비유하는 잘못을 저지르고 있다. 유연한 직장 생활에서 '선수들'은 자신의 과제를 해결하면서 규칙을 발견해낸다. 예를 들어 SCANS의 연구도 듣는 기술을 강조한다. 왜냐하면 그들이 매뉴얼에 적힌 규칙들을 그대로 따라서 일하기보다는 즉흥적이고 자유로운 규칙을 만들어 과업을 수행한다고 여겼기 때문이다. 그리고 사무실의 스포츠는 일을 맡은 선수들이 똑같은 방식으로 득점을 올리지 않는다는 점에서 일반 스포츠와 다르다. 오직 현재의 경기만이 중요할 뿐이다. SCANS의 팀워크 연구 결과에 따르면, 과거의 수행 방식이 현재에는 아무런 소용이 없으며, 각각 사무실의 '게임'마다 새로운 방식이 필요하다. 이것이 현대의 작업장에서 연장자들이 점점 덜 중요시되는 이유다.

SCANS나 유사한 연구를 한 사람들은 현실주의자들이라 볼 수 있다. 그들은 오늘날의 경제가 즉각적인 수행과 단기적인 최종 결과에 치중한다는 사실을 알고 있다. 현대의 경영자들 역시 개인들끼리 물고 물리는 식의 치열한 경쟁이 한 그룹의 작업 수행 능력을 침몰시킬 수도 있다는 점을 안다. 그래서 작업 중에 팀 내의 근로자들끼리 서로 진정으로 경쟁하지 않는다는 하나의 허구가 생겨난다. 더 중요한 것은, 근로자들과 사장도 적대 관계가 아니며 사장은 단지 그룹의 전 과정을 관리하는 자라는 허구가 생겨난다는 점이다. 리더라는 말은 현대 경영학 용어 중에서 가장 매력적인 단어다. 그러나 리더는 통치자라기보다는 팀원들의 편에 서 있다. 힘겨루기는 다른 회사의 팀들에 대항해서 팀 단위로 치러진다.

인류학자 찰스 다라는, 두 군데의 하이테크 제조 회사에서 '인간 관계 기술' 훈련을 통해 근로자들에게 이러한 허구가 주입되고 있다는 점을 발견했다. 그가 조사한 내용에는 현실과 이론 사이의 감칠맛 나는 아이러니가 많이 담겨 있다. 예를 들어, 어느 회사의 작업장에는 근로자의 40퍼센트가량이 베트남계였다. 그들은 "특별히 팀 개념을 두려워했는데, 그것이 공산주의적 작업조를 연상시키기 때문이었다".[14] 정보 공유와 같은 사교적 덕목의 훈련은 결코 쉽지도 편하지도 않았다. 고위직의 근로자들은 새로운 기술을 가르치는 것을 두려워했고, 또는 하위직 근로자들은 자신의 기술을 남에게 가르치려 하지 않았다. 그렇게 하면 자기 자리에 다른 사람이 올라설 수도 있기 때문이다.

근로자들은 회사에서 필요한 갖가지 역할을 담당할 수 있도록 훈련받으며 팀워크를 이루는 데 필요한 기술들을 배웠으며, 그럼으로써 다양한 작업 상황에서 어떻게 행동해야 하는지 알게 되었다. 다라가 조사한 공장 중 한 곳에서는 "각 팀을 하나의 독립된 회사로 여기고, 팀의 구성원들 모두가 스스로를 '부사장'으로 생각하도록 교육했다".[15] 대부분의 근로자들은 이를 다소 신기하게 여길지 모른다. 왜냐하면 그 회사가 공장에서 일하는 베트남인들을 별로 존중하지 않는다고 알려져 있기 때문이다. 그러나 새로 고용된 근로자들은 인간관계 기술 훈련을 '성공적'으로 마쳤다. 이 교육에 할당되는 시간은 상당히 짧은 편이어서 며칠, 때로는 단 몇 시간 동안에 이루어지기도 했다. 이러한 훈련이 짧게 끝나는 것은, 근로자들이 유연한 작업 환경에서 새로운 상황과 사람들에게 빠르게 익숙해지기를 요구하는 현실의 반영이다. 물론 이 훈련을 지켜보는 관객은 새로 고용된 근로자들이 감동시키고 싶어 하는 관리자들이다. 팀워크에서 필요한 위장술은 근로자들이 다른 근로자에게 마치 연설이라도 하는 듯 행동하고 관리자는 그들을 지켜보고 있지 않은 듯 행동하는 것이다.

스바루 이스즈 공장의 조립 라인 현장을 조사한 사회학자 로리 그레이엄은 "팀이라는 말은 회사의 모든 단계에서 사용"되고 있으며, 가장 높은 단계의 팀은 조정 위원회라는 사실을 발견했다. 여기에는 스포츠와 비슷한 점이 있다. 즉, 어느 회사의 기록에 따르면 "팀 리더는 마치 농구 팀의 주장처럼 고도로 숙련된 팀원의 한 사람"이다. 이러한 팀 운영은 개인의 능력을 개발하는 한 방법으로 유연한 근로활동을 내세울 수 있다. 그리하여 회사는 "모든 팀원이 많은 기능을 처리할 수 있도록 훈련받아야 한다. 그렇게 함으로써 스스로 자긍심을 가질 수 있을 뿐만 아니라 회사와 팀 내에서 그들의 존재 가치를 더 크게 느끼게 된다"[16]고 천명한다. 로리 그레이엄도 이를 통해 자신이 "평등주의적 상징을 통한 협동의 문화"에 빠져 있다는 점을 깨달았다고 한다.[17]

사회학자 기디언 쿤다는 그런 팀 협동 작업을 '심층적 행동'의 한 종류라고 부르는데, 그 이유는 개인들이 다른 사람들과의 관계에서 자신의 태도나 행동을 교묘히 위장하게끔 만들기 때문이다.[18] '너무

재미있네요'라든가 '내가 듣기에 당신 말은……', '우리가 어떻게 하면 더 잘할 수 있을까요' 이러한 말들은 협동을 끌어내기 위한 팀원들 사이의 처신술이다. 다라가 관찰한 훈련 그룹에서, 아무리 성적이 좋은 직원이라 해도 상사가 없을 때와 상사가 지켜보고 있을 때의 행동이 같지 않았다. 실제로 사회학자 로빈 레이드너는 서비스업 회사의 근로자들에게서 전해 받은 몇 가지 서류를 검토해보고, 그 작성 목적이 고객의 관심사를 파악하는 데 있는 것이 아니라 고객에 대한 종업원들의 '친절'을 이끌어내는 데 있음을 알아냈다. 직장 생활에서 협동을 위한 처신술은 근로자들이 이 일에서 저 일로, 이 사무실에서 저 사무실로 이동할 때 유일하게 지니고 다니는 소지품이다. 자신만만한 미소도 사회생활에서 다른 곳을 볼 수 있는 창문 역할을 해주는 기술적 '비책'이다. 따라서 대인 관계 기술 훈련은 단순한 위장술을 넘어서서 진지한 생존을 위한 기술을 배우는 과정이다. 어느 관리자는 다라에게 협동을 위한 위장술을 재빨리 터득하지 못한 사람들에 대해 "그들 대부분은 분출하는 가스를 붕대로 감아 막으려 하는 사람들"[19]이라고 평가했다. 또한, 같은 팀 내에서 개인 사이의 힘겨루기나 상호 갈등을 거부하는 위장술은 그들뿐만 아니라 고위 간부직의 입지를 강화하는 데도 일조한다고 했다.

로리 그레이엄은 팀워크의 표면적인 위장술을 사용하는 사람이라도 어떠한 방식으로든 압박감에 시달린다는 사실을 알아냈다. 그녀의 조사에 의하면, 자동차 조립 라인 근로자에게는 가능한 한 빨리 조립물을 처리해서 넘기라고 재촉하는 상사의 압박보다는 같은 팀에 속한 다른 노동자들에게서 받는 압력이 더 크다. 근로자들 사이의 협력 위장술은 생산성 증대를 추진하려는 회사의 목표에 냉혹하다 싶을 정도로 부응한다. 열의에 찬 초기 수습 기간을 끝내고 난 근로자가 그녀에게 이렇게 말했다.

"전 처음엔 이곳이 일반적 개념의 팀과는 다를 것이라 생각했어요. 그런데 회사의 경영 원칙이 사람들을 너무 힘들게 몰아가는 것 같아요."

여러 작업 그룹은 대체로 각 구성원의 개인적 노력에 책임감을 부여했고, 팀들은 서로를 비판했다. 그레이엄이 인터뷰한 어느 근로자는 이렇게 말했다.

"한번은 팀의 리더가 내게 다가와 귀띔을 해주더군요. 같은 팀에 속한 팀원으로서 일을 잘할 수 있는 방법에 관해서요. '다른 팀원의 실수를 찾아내 문제가 생기기 전에 미리 그에게 말해주어 알게 하는 것'이라고요."

근로자들은 서로 책임을 느끼며 결속되었고, 그룹 단위로 일하는 작업 조직일수록 그렇게 하지 않으면 안 되었다. 그것은 회사 내의 최말단 라인까지 적용할 수 있는 문제에 대한 집단 처방책이다.[20] 그럼으로써 개개인에게 돌아오는 보상은 그룹으로의 재통합이다.

스바루 이스즈의 경우에, 같은 팀 내에서 근로자들과 관리자들이 사용하는 위장술은 팀 외부의 일 처리에도 똑같이 유용하다는 것이 입증되었다. 스바루 이스즈는 이러한 작업 공동체의 위장술을 공장 노조에 대한 강력한 제한을 정당화하는 데 사용한다. 그뿐만 아니라 이 작업 공동체의 위장술은 미국에서 얻은 이익을 본국인 일본으로 보내는 회사의 존재를 정당화하는 데에도 기여했다. 일본 회사들에서는 대체로 팀워크를 극한까지 몰고 가는 분위기가 지배적이며, 이 회사도 극한의 팀워크로 운영하고 있다. 그러나 이러한 회사는 일반적으로 유연한 체제 내에서의 팀워크 작업을 확산해주는 역할을 한다. 노동 경제 연구자인 아일린 애플바움과 로즈메리 배트는 이렇게 주장한다.

> 이러한 운영 방법은 공통적으로 근본적인 생산 체계의 속성을 바꾸려 하지 않으며, 또한 회사의 기본 조직이나 권력 구조를 위협하지 않는다.[21]

이 경우 관리자들은 팀 내에서 내부적으로 도전받는 일을 막기 위해 모두 같은 팀을 이뤄 주어진 과제를 협력해 이룩하는 데 집착한다는 점이 가장 중요하다. 마이클 해머와 제임스 챔피는 관리자들이 "총감독과 같은 행동은 중지하고 운동 코치처럼 행동해야 한다"고 촉구한다. 노동자들을 위해서라기보다는 관리자 자신을 위해서라도 그렇게 해야 한다는 것이다.[22] 즉, 관리자는 자신의 책임을 회피하고 대신에 각각의 노동자의 어깨 위에 그 책임이 놓이게 된다.

이것을 좀 더 공식적으로 생각해보면, 팀워크에서도 표면적으로는 권한이 존재하지만 권위는 아예 사라진 상태다. 권위를 지닌 사람이란 자신이 휘두르는 권한에 책임을 지는 사람이다. 과거의 작업 위계질서에서는 관리자가 명백히 다음과 같이 선언하면서 책임감을 받아들였다.

"나는 권한을 지녔다. 무엇이 최선인지 나는 안다. 그러니 내 말에 복종하라."

현대 경영은 이러한 권위주의적인 면을 벗어버리려고 한다. 그뿐만 아니라 관리자들은 자신의 행동에 책임을 지지 않으려고 한다. 규모 축소 바람이 불고 있는 요즈음 ATT에 근무하는 한 관리자는 이렇게 말했다.

"사람들은 우리가 어떠한 형식의 조직체에 속해 있건 모두가 비정규직 근로자라는 것을 인식할 필요가 있다. 우리는 모두가 시간과 공간의 희생물이다."[23]

만약 '변화'가 책임을 지는 대리인이라면, 또 모든 사람이 '희생자'라면, 그때는 책임질 사람도 없으므로 권위도 사라진다는 것이다. 사람들을 해고하는 관리자는 없다. 대신 동료들 사이의 압력이 관리자의 직무를 대신한다.

유연한 팀워크에서 권위와 책임감이 피상적인 수준으로 축소되는 모습은 파업이나 규모 축소와 같은 위기 순간뿐만 아니라 매일매일의 직장 생활에서도 나타난다. 사회학자 할리 샤이켄은 권한을 지닌 사람들이 날마다 권위를 거부하는 현장을 조사했다. 블루칼라와 화이트칼라가 연계된 '혼합 팀'에 속한 블루칼라 노동자가 샤이켄에게 어떨 때 책임감을 회피하게 되는지 말해주었는데, 인용할 만한 가치가 있다고 생각되어 여기 적는다.

> 정말, 요즘은 근로자 혼자서 기계를 다루지 않는다. 기계를 다룰 사람이 엔지니어, 프로그래머, 수리공, 기계공 등 이렇게 셋 또는 네 명이 있다. (…) 또 한 가지, 그 과정에서 다른 사람들과 의사소통

하기가 너무 어렵다. 그들은 서로의 의견을 들으려 하지 않는다. 그들 모두 기술을 배운 사람들이고, 자격증 소유자들이다. 그들은 잘못된 것에 대해 상대에게 어떤 충고도 들으려 하지 않는다. 따라서 잘못은 서로 다른 누군가의 것이 되어버린다. 그들은 실수해도 당연히 시인하려 하지 않는다. (…) 내가 기계 조작에 관련된 더 나은 방법을 알아냈는데, 굳이 다른 사람이 몰라도 나 혼자서 할 수 있는 것이라면, 나는 아무에게도 말하지 않는다. 단 한 가지 이유, 아무도 내게 물어보지 않았다는 그 이유 때문에.[24]

스웨덴의 사회학자 말린 외커스트룀은 이와 같은 경험을 토대로 상대에게 무관심한 중립은 배반의 한 형태라고 결론을 내린다. '무엇을 해야 하는지 내가 말해주겠다' 또는 극단적으로 '당신을 괴롭게 만들겠다'라고까지 말하는 진정한 인간의 부재는 회사 내에서 볼 수 있는 방어적 행위의 수준을 넘어섰다. 이러한 권위의 부재는 자기 자신과 자신의 행동을 별다른 정당화 과정을 거치지 않고서도 신속하고 적응력 있게 조정할 수 있도록 해준다는 점에서 노동자들을 통제에서 자유롭게 만든다. 다른 말로 표현하면 그것은 순간의 자유를 허용하며, 현재에만 중심을 둔 것이다. 그 결과 변화는 책임자의 몫이지 한 개인의 몫이 아니다.

더욱이 권위 없는 권한을 지닌 팀의 지도자는 근로자들의 필요와 욕구의 타당성을 인정하지 않은 채 팀을 이끌어간다. 로리 그레이엄은 지도자를 코치라 부르는 스포츠 은유법을 사용한 스바루 이스즈 공장에서, 한 근로자가 팀의 협동 작업과는 다른 차원에서 상사

코치에게 문제에 대해 직언하는 것은 치명적이지는 않지만, 상당히 어려운 일이라는 점을 알게 되었다. 임금 인상이라든가, 생산량 증대 압박의 완화에 관련된 공개적인 요구는 노동자들의 협동심 부족으로 보였기 때문이다. 좋은 팀의 선수는 푸념하지 않는다. 그들은 극히 외형적인 만족을 추구하고 당면한 순간에 초점을 맞추기 때문에, 저항과 대립의 회피와 같은 위장술은 유용한 조종 방법이다. 인간관계 속의 충성심과 신뢰를 공고히 하고자 할 때 더 많은 시간이 요구된다. 따라서 이 요소들은 뜻대로 조정하기가 쉽지 않다. 앞서 우리 모두가 시간과 공간의 희생물이라고 선언한 ATT의 관리자는 아마도 가장 고도의 술책을 지닌 인물일 것이다. 그는 설명할 수 없을 정도로 영향력을 미치는 기술을 마스터하여, 자신에 대한 책임을 직원들에게 전가하고 우연히 그를 위해 열심히 일한 동료 '희생자들'의 어깨에 직무의 과오를 떠넘긴다.

이렇듯 권위 없는 권한을 통한 게임은 참으로 새로운 인간성 유형을 낳는다. 스스로를 몰아붙이는 유형의 사람 대신에 아이러니한 사람이 출현한다. 철학자 리처드 로티는 아이러니에 대해 "자기 자신을 수식하는 용어가 자주 변하고 최종적으로 선택한 용어는 우연적인 것이거나 망가지기 쉬운 것이며, 따라서 그들 자신도 우연적이고 망가지기 쉽다는 것을 알고 있기 때문에, 결코 스스로를 진지하게 받아들이지 못하는 사람들의 정신 상태"[25]라고 적었다. 자신을 아이러니하다고 보는 관점은 권위와 책임 의식의 기준 없이 유연하게 시대를 살아가기 때문에 나타날 수밖에 없는 당연한 결과다. 그러나 로티는 어느 사회도 아이러니를 통해서는 지탱될 수 없다고 파악한다. 특히 교육에 관해서는 다음과 같이 말한다.

> 젊은이들에게 아이로니컬한 성품을 키우도록 두는 것이 사회화라고는 볼 수 없다.[26]

또한 아이러니는 사람들에게 권한에 도전하게끔 자극을 주지 못한다. 그는 "이러한 자아관은 당신이 당신과 맞서는 힘들을 애써 정복할 수 있게 만들지 않으려 한다"[27]고 말했다. 로티가 설명하는 인간성의 종류 중 아이러니한 인간성은 현대 세계에서 자기 파괴적이 되며, 아무것도 믿지 않으려 하는 의식은 '난 정말 진실한 내가 아니야, 내겐 본질이 없어'라는 고정 관념이 된다. 또한 자신의 가치를 인정해줄 만한 사람도, 권위도 없다고 여긴다.

내면적 단절이나 아이러니를 지닌 팀워크의 정신은 베르길리우스가 제시한 냉혹하고 영웅적인 농부의 도덕 세계에서 우리를 멀리 몰아낸다. 팀워크 내에 포함된 권력관계들, 즉 권위의 주장 없이 집행되는 권한은 세속적 금욕주의를 강조한 과거 노동 윤리에서 특징적으로 나타나던 자기 책임의 윤리들과도 거리가 멀다. 만족을 얻으려 하지 않고 고된 노동을 통해 자아를 증명하는 고전적 노동 윤리는 자신의 취향을 거의 드러내지 않는다. 그러나 팀워크는 그 자신의 허구들과 공동체의 위장술을 사용하여 더 강력한 주장을 펼 수 있다.

과거나 현재 노동 윤리 모두 피코 델라 미란돌라의 '나는 어떻게 내 인생을 만들어나가야 하는가?'라는 질문에 만족스럽게 답해주지 않는다. 피코의 질문은 우리가 그동안 신자유주의의 인간성이나 시간에 품어온 의심들을 바로 집어내고 있다.

새로운 질서의 문화는 자아 구조를 뿌리째 흔든다. 리코의 경우와 같이 다소 의기소침한 개인적 윤리에서 유연한 경험을 분리해낼 수 있다. 이해와 소속을 넘어서서 보스턴 제과점에서처럼 쉽고 피상적인 노동으로의 분리가 가능하다. 또한 로즈의 경우처럼, 절망 속에서 지속적으로 모험을 감행할 수도 있다. 되돌릴 수 없는 변화와 복합성, 분업 활동 등은 다보스 회의장에 참석한 사람들과 같이 새로운 체제의 주인들에게는 편할지 모르지만 그 체제의 피고용인들은 방향을 잃고 갈팡질팡하게 만든다. 그리고 팀워크라는 새로운 집단 정신은 그 체제의 피고용인들과의 진실한 계약을 교묘히 빠져나가는 '조정자'와 '작업 관리자'를 만들어낸다.

내가 시간과 자아에 대해 이러한 그림을 그리는 동안 과거와 현재 중에 어느 것이 더 좋고 나쁜지, 즉 그 두 가지를 대조하는 것이 분명히 모험이라는 사실을 잘 알고 있다. 엔리코나 그리스인 제빵사들 세대로 되돌아가고 싶어 하는 사람은 아무도 없다. 그 세대의 세계상은 밀실 공포증이었고, 자아 조직의 범주들은 너무나 경직되어 있었다. 장기적 관점에서 볼 때, 인격적 안정성의 성취는 현대 자본주의에서 심리적 필요일 뿐만 아니라 심오한 실용적 필요이기는 하지만, 비싼 대가를 치러야 한다. 노조로 조직되어 있던 윌로우 런 공장의 근로자들을 결속시킨 연공 서열제와 경영 참여제 같은 정책은 이제 약화되었다. 오늘날의 시장과 유연한 조직망에서 그러한 정신적 기풍을 계속 이어간다는 것은 자기 파괴적 처방일지도 모른다는 위기감이 노조들 사이에 확산되고 있다. 이에 따라 우리가 직면한 문제는 우리를 표류하게 만드는 자본주의 속에서 우리의 역사를 어떻게 구성하느냐다.

삶의 역사를 어떻게 구성해야 하는가 하는 딜레마는 오늘날의 자본주의 속에서 사람들이 미래에 대해 어떻게 대처해야 하는지를 예측해봄으로써 부분적이나마 명확해지리라 본다.

| 실패 | 실패에 대처하는 법

현대인들은 실패를 터부시한다. 잘 팔리는 책도 온통 성공하는 방법에 관한 처방으로 가득하고, 실패에 대처하는 방법에 대해서는 대개가 침묵하고 있다. 개인의 인생사에서 한 부분을 차지하면서 일정한 모양을 형성하고 있는 실패라는 단어와 마주할 때면, 우리는 내심 두려움을 느끼면서도 다른 사람들에게는 터놓고 의논하려 하지 않는다. 그 대신 진부한 문구에서 위안을 얻으려고 손을 뻗는다. 참담한 파산을 경험한 사람들이 잘 그러는데, 가령 그들은 '난 실패했어요'라는 한탄조의 말을 하면서 '아니, 당신은 실패한 게 아니라 희생자예요'라는 치유의 답변을 들으려고 애쓴다. 그뿐만 아니라 이렇게 실패를 거듭한 사람은 어떤 것에 대해 직설적으로 말하기를 두려워하고, 그러다 보면 강박 관념과 부끄러움은 더 커진다. 그리하여 '난 능력이 부족해'라는 쓰라린 말이 그대로 가슴에 남는다.

이제 더는 파산하거나 손해본 사람들만 실패했다고 볼 수 없다.

중간 계층 사람들의 생활 속에 일어나는 일반적 사건들에서도 실패라는 말이 낯설지 않게 다가온다. 엘리트 계층의 규모가 줄어드는 것은 그만큼 성취가 힘들다는 의미다. 이긴 자만이 모든 것을 차지하는 오늘날의 시장 경제는 대다수의 지식층이 실패하기 쉽게 만드는 경쟁적 구조를 가지고 있다. 초기 자본주의에서 근로자 계층에 훨씬 더 많이 나타나던 갑작스러운 재앙을 이제는 규모 축소와 구조 조정으로 말미암아 중산 계층 사람들에게서도 쉽게 찾아볼 수 있다. 리코가 겪은 것처럼 직장 일에 유연하고 적응력 있게 행동하는데도 한 가정이 실패한다는 생각은 미묘하면서도 그런 만큼 강력하다.

성공과 실패를 양극단에 대립시키는 것은 실패와의 직접 대결을 피하는 방법 중 하나다. 이러한 단순한 구분은 단지 우리가 물질적 성취를 이루었다는 충분한 증거를 가지고 있기만 하다면, 불충분하거나 무능력하다는 감정들에 휩쓸리지 않게 해준다. 능력이 부족하다는 감정이 늘 머리에서 떠나지 않는 사람은 베버가 말한 늘 뭔가가 불충분하다고 느끼는, 스스로를 몰아붙이는 사람과는 다르다. 그러나 실패의 감정을 돈으로 완화하기가 어려운 까닭은 이 실패가 일관성 없는 삶, 소중한 것에 대한 인식, 단순히 존재하는 것 이상의 삶에서의 실패처럼 심각한 수준의 실패이기 때문이다. 실패는 앞서 피코가 말한 인생 여정에서 방향성이나 목적성이 없을 때 일어난다.

1차 세계대전 전야에, 라디오 시사 해설자인 월터 리프먼은 돈에 대한 성공에만 연연한 자기 세대를 회고하며 쓴 《표류와 정복*Drift and Mastery*》이라는 활력 넘치는 책을 발표했다. 그는 자기 세대에는 아직 정착되지 않은 삶을 이야기했다. 그는 실패와 성공이라는 물질적 평가를 좀 더 개인적인 시대의 경험, 표류의 거부, 그리고 일을 정복하기 위한 색다른 경험들로 변화시키고자 했다.

리프먼은 미국과 영국의 대규모 제조업체들이 합병하던 시기에 살았다. 모든 사람이 알고 있는 자본주의의 악덕은 리프먼의 말에 의하면, 대중의 이익을 위한다는 명분 아래 이루어진 조직 붕괴, 작은 회사들의 폐업 조치, 그리고 노동자 계층을 삼켜버린 자본주의자다. 리프먼이 관찰한 동료 개혁론자들의 문제는 "무엇을 반대하는지는 알면서도 왜 반대하는지는 모른다"[1]는 것이다. 사람들은 고통받고 불평했다. 하지만 초창기 마르크스주의자의 프로그램이나 개인의 혁신적 창업도 치유를 약속해주지 못했다. 마르크스주의자들은 대규모 사회적 폭발을 제안했고, 개인 기업가들은 더 자유로운 경쟁을 대안으로 내세웠다. 양쪽 모두 대안적 '질서'로 받아들일 만한 방법은 아니었다. 그러나 리프먼은 무엇인가 해야 한다는 데 대해서는 전혀 의심하지 않았다.

그 당시 미국을 확고한 위치에 올려놓는 역할을 한 열성적인 이민자들의 각오를 떠올리면서, 그는 기억에 남을 한마디를 했다.

"우리 모두는 영적으로 이민자들이다."[2]

리프먼은 뉴욕 맨해튼 남동부 지역 이민자들의 살벌하고 혹독한 노동에서 헤시오도스와 베르길리우스가 간절히 바라던 결의에 찬 사람들의 특성이 또다시 구체화되는 모습을 보았다. 리프먼은 소설가 헨리 제임스가 묘사한 자본주의에 대한 감상적인 유미주의자의 혐오감을 싫어했다. 리프먼의 견해에 따르면, 헨리 제임스는 뉴욕의 이민자들을 활력은 넘치지만 생존 투쟁 과정에서 흐트러지고 질서

를 잃은 이방인으로 보았다고 한다.[3]

고향과 가정까지도 버리고, 새로운 삶의 방식을 창출하려고 발버둥 치고 있는 사람들을 어떻게 이끌어야 하는가? 리프먼에게 이는 직업에 관련된 문제였다. 노동에서 하나의 직업을 만들어내지 못하면, 노동의 내용과 대가가 상당하더라도 내면 깊숙한 곳에서 자신이 부적합하다고 느끼게 된다. 즉, 목적의식의 결여 상태를 자초한다. 말하자면 사람은 '인생을 쟁취해야 한다'. 이런 면에서 그는 직업이란 말이 갖는 최초의 어원적 의미를 되살렸다고 볼 수 있다. 이 책의 서문에서도 직업이란 일직선으로 난 길이라고 쓴 바 있다. 그 길을 끊어버리는 것이 개인적 실패의 해독제였다.

그렇다면 우리는 유연한 자본주의 속에서 실패에 대한 이러한 치유책을 과연 실천할 수 있을까? 오늘날에는 우리가 직업을 전문직과 동의어로 생각할지도 모르지만, 직업을 이루는 요소 중 하나인 교육이나 기술의 소유는 지금껏 전문 영역이나 부르주아만의 영역으로 제한된 적이 없다. 역사학자인 에드워드 톰슨은 19세기에는 심지어 가장 단순한 노동자들, 불안한 상태로 고용된 사람들, 실직자들, 이 직종 저 직종을 떠돌아다니던 사람들까지도 자신을 직조공이나 금속 노동자, 농부 등으로 규정하고자 했다는 점을 밝힌 바 있다.[4] 노동에서의 지위란 '두 손' 이상의 것을 요한다. 빅토리아 시대 상류층 가정의 집사뿐만 아니라 수공업 노동자들도 자신의 지위를 말할 때 차별적이지 않은 단어, 즉 '직업', '전문직' 그리고 '장인'이라는 단어를 사용하고자 했다. 그러한 지위에 대한 열망은 새로운 대기업체에서 일하는 중간 계층의 피고용인들에게도 마찬가지로 강렬했다.

역사가인 올리비에 준즈가 보여준 바와 같이, 리프먼이 살던 시기의 비즈니스 세계 사람들은 자신의 일을 마치 의사나 엔지니어의 전문적 활동을 일컫듯이 '회계', '세일즈맨 정신' 또는 '경영' 등으로 높여 부르고자 했다.[5]

이렇게 볼 때 직업적 지위에 대한 열망은 새로운 현상이 아니다. 또한 일자리job가 아닌 직업career이 우리의 인간성을 발전시킨다는 의미도 아니다. 그러나 리프먼은 '인생을 쟁취하는 방법'을 소개했다. 리프먼의 견해로는 직업적인 인생의 이야기는 곧 기술과 투쟁을 통해 펼쳐지는 내면적 발전의 이야기다.

> 우리는 인생을 심사숙고하여 살아야 하며, 그 사회적 조직을 고안하고 그 도구를 바꾸고 그 방법을 강구해야 한다.[6]

직업을 추구하는 개인은 장기적인 목적, 전문적 또는 비전문적 행동의 기준, 그리고 자기 행동에 대한 책임감을 정해놓는다. 리프먼이 막스 베버의 저서를 읽고 나서 《표류와 정복》을 썼는지는 알 수 없지만, 나는 이 두 저자가 직업이라는 것에 관해서 유사한 개념을 지니고 있다고 본다. 베버는 '직업'과 같은 뜻으로, '소명'이란 의미가 포함된 독일어 'Beruf'를 사용하면서, 오직 장기적이고 잘 조직된 노력에 의해서만 인간성이 발전하며 노동이란 하나의 줄거리가 있는 이야기여야 한다고 강조했다. 이에 비해 리프먼은 "정복이란 무의식적 분투를 대신하는 의식적 의도"를 의미한다고 주장했다.[7]

리프먼 세대는 자신들이 자본주의뿐 아니라 과학의 새로운 시대로 가는 출발점에 서 있다고 믿었다. 그들은 자신들이 숙달된 기술이나 전문 지식, 과학을 적절히 쓴다면 더욱 강력한 역사를 형성하도록 도울 수 있으며, 따라서 자기 인생도 더 확고히 제어할 수 있으리라고 확신했다. 리프먼은 이처럼 개인적 정복과 관련해 과학 지식에 의존할 뿐 아니라, 막스 베버 이외에도 영국의 시드니 웹이나 베아트리스 웹 같은 페이비언 그룹의 점진주의적 사회주의자, 그리고 프랑스 청년 레옹 블룸과 미국 내 여러 진보적인 동시대 사람들과 의견을 같이했다.

정복을 위한 리프먼의 처방에는 또한 특정한 정치적 목적이 있었다. 그는 뉴욕의 이민자들이 영어를 배우며 그들의 직업적 길을 시작하려고 스스로 교육받기를 원하고 있다는 것을 직접 보았다. 그러나 그 도시의 고등 전문 교육 기관들은 당시 유대인과 흑인에게는 아예 개방조차 되어 있지 않았고, 그리스인, 이탈리아인, 아일랜드인들에게도 우호적이지 않았다. 좀 더 경력을 지향하는 사회를 부르짖었던 리프먼은 이 기관들이 그들에게도 문호를 개방해야 한다고 요구하면서 프랑스의 선례를 본받아 '직업을 재능 있는 자에게 개방하라'는 미국식 구호를 재창했다.

리프먼의 저작에서는 개인에 대한, '자기 자신'에게서 어떤 것을 만드는 것에 대한 정열적인 신뢰가 드러난다. 이것은 어떤 실현된 삶에 대한 피코의 꿈이기도 했으며, 리프먼이 독특하고 특징적인 인간상이라고 설명한 맨해튼의 로우 이스트 사이드 사람들의 삶에도 나타난다. 리프먼은 의지와 재능을 지닌 개인을 상징하는 다윗과 기업 자본주의를 상징하는 골리앗을 대치시켰다.

리프먼의 글에서 특히 재미있는 것은, 리프먼이 그들을 각각 정당화하고 있다는 점이다. 《표류와 정복》에 담겨 있는 리프먼의 목소리는 강직하고 청렴한 에드워드 교파 학교 선생님 같은 말투인데, 마치 쉬지 않고 파업 피켓을 들고 있는 사람들의 행렬 혹은 이해하지 못할 말만 사용하는 사람들의 집단 속에서 오랜 시간을 보낸 교사와 같은 분위기를 자아낸다. 직업에 대한 그의 신조가 과연 거의 한 세기 이후까지도 존속할까? 그것이 오늘날 우리를 위한 처방이 될 수 있을까? 특히 목적의식의 부재 그리고 우리가 각자의 인생을 쟁취하지 못해 생겨나는 실패를 동시에 치유할 수 있을까?

우리는 리프먼과 베버가 알던 것과는 다른 형태의 관료주의를 알고 있다. 현재의 자본주의는 이전과 다른 생산 원리에 따라 움직인다. 신자유주의의 단기적이고 유연한 시간은 개인의 노동에서, 즉 직업에서 하나의 일관된 인생 이야기를 만드는 것을 방해한다. 그리고 이러한 악조건에서 목적과 지속성 쟁취에 실패한다면, 우리는 문자 그대로 실패하는 것이다.

리프먼의 글을 읽으면 최근 IBM에서 구조 조정으로 해직된, 내가 알고 지내는 중년 세대의 프로그래머들이 떠오른다. 직장을 잃기 전, 그들은 아마도 별 근심 없이 자신의 전문 직업을 장기적으로 이어 나가리라고 믿었을 것이다. 하이테크 프로그래머들인 그들은 새로운 과학적 직업 집단의 전위 부대로 여겨졌다. 그러나 해고된 후, 그들은 자신의 삶을 난파시킨 사건들에 대한 다양한 해석과 맞붙어야 했다. 그들은 자신의 실패를 납득시켜줄, 자명하면서 공감이 가는 이야기를 전혀 생각해내지 못했다. 그런데 그들은 리프먼이 미처 예견하지 못한 방법으로 목적 없이 표류하던 절망적인 상태에서 스스로를 구해냈고, 실패를 통해 진정한 자기 인생의 가치를 깨달았다.

먼저 그들이 다니던 회사의 특별한 상황을 설명해보자. 1980년대 중반까지 IBM은 가부장적 자본주의를 철저하게 실천했다.[8] IBM 성장의 터를 닦은 토머스 왓슨 시니어는 회사를 마치 봉건 시대의 개인 소유 봉토인 양 경영했고, 자칭 IBM의 '정신적 아버지'였다. 그 회사의 옛 사가社歌는 이렇게 시작했다.

> 왓슨 씨의 지도력 덕분에, 우리는 더 크게 성장할 것이며, 우리가 IBM을 지켜나갈 때, 모두 우러러보리라.[9]

IBM은 마치 군대처럼 경영되었고, 회사 일 전반에 걸쳐 왓슨이 독단적인 결정을 내리면 그것은 즉각 회사의 법이 되었다. "회사에 충성하면 무엇이 최선의 일인가 매일매일 결정해야 하는 고통과 피곤함을 덜어준다"고 왓슨은 강조했다.[10] 제도상으로 볼 때, IBM은 프랑스나 이탈리아의 국영 회사와 닮아서 경영자와 노동자 사이에 일종의 사회적 계약이 있었고, 대부분의 노동자가 종신 고용이었다.

1956년 토머스 왓슨 주니어가 아버지 뒤를 이어 회장으로 취임했다. 그는 보다 많은 권한을 위임하고 남의 의견을 잘 수용하면서, 사회적 계약은 강력히 유지했다. IBM은 노동자들에게 건강 보험, 교육, 연금 등의 혜택을 충분히 마련해주었고, 회사가 운영하는 골프장 사용 혜택과 탁아 시설에서 주택 구입 자금 융자에 이르기까지 노동자들의 가정생활에도 많은 혜택을 주었다. 특히 회사는 노동자들에게 종신 고용이라는 사다리를 제공해, 그 사다리를 밟고 오르는 사람들이 직업의 각 단계에 전력을 다하게 만들었다. 당시는 IBM이 관련 시장을 거의 독점하고 있었기 때문에 이러한 시스템이 가능했다.

1980년대에 들어서면서 IBM은 개인용 컴퓨터 산업의 성장 가능성을 오판하여 시장에서 지배적인 지위를 잃었고, 1990년대 초부터는 걷잡을 수 없는 소용돌이에 휘말렸다. 그 때문에 왓슨 회장이 물러났지만 새 경영진들도 회사를 바로 세우지는 못했다. 회사 매출 규모로 사상 최대라는 기록을 세운 지 불과 6년 만인 1992년, IBM은 거액의 손실(66억 달러)로 고통받았다. IBM의 복잡한 관료주의 체제는 빌 게이츠의 마이크로소프트에 허를 찔리자 속수무책이었다. 게다가 IBM은 급속히 부상한 일본과 미국의 만만치 않은 신생 회사들과 경쟁해야 했다. 1993년, IBM은 새로운 회장 루 거스너가 경쟁력 있는 사무용 컴퓨터 개발에 착수하면서 극적인 반전의 시기를 맞았다. 그리고 완고한 위계질서적 조직 대신 보다 유연한 조직과 시장에 더 많은 생산품을 신속하게 내놓을 수 있는 유연한 생산 과정을 도입했다.

40만 노동자 감원이 IBM이 내린 결단의 주요 목표였다. 처음에는 몇 명이 자진 퇴사를 했고, 점차 많은 사원이 감원되었다. 1993년 상반기 6개월 동안, 뉴욕 허드슨 밸리의 IBM 지사 세 곳에서 노동자 중 3분의 1이 해고되었고, 다른 가능한 분야의 경영 규모도 축소되었다. 새로운 경영진은 골프장과 클럽들을 폐쇄했고, IBM이 운영하던 사회단체들에 대한 지원도 철회했다.

나는 더 슬림화하고 더 유연한 방향으로 대대적인 전환을 한 IBM이라는 회사에 대해 좀 더 알고 싶었다. 개인적으로 뉴욕 북부 지역에 사는 내 이웃들도 변화를 겪고 있는 경영자이거나 중년의 엔지니어였기 때문이다. 퇴직하기에는 너무 이른 나이에 해고되다 보니, 그들 중 몇몇은 '컨설턴트'라는 이름으로 독자적인 일거리를 구하려 했다. 그들은 그동안 회사 밖에서 일군 인맥이 아직 자신에게 도움이 되리라는 희망을 품고 주소록을 뒤적거렸으나, 그마저도 헛수고로 끝났다. 몇몇 사람들은 단기 계약으로 채용되어 다니던 회사에 다시 돌아갔으나, 과거에 누렸던 혜택과 지위에는 못 미치는 대우를 받았다. 그들은 최근 몇 년을 간신히 버텼지만, 회사의 변화와 그것이 자신들의 삶에 끼친 영향 등의 야만적인 현실을 직면하지 않을 수 없었다.

내 이웃들의 옛 사무실에서 멀지 않은 곳에 자리 잡은 리버 윈드 카페는 햄버거를 파는 활기찬 곳으로, 낮에는 쇼핑하러 나온 여성들이나 방과 후 시간을 보내러 나온 청소년들이 주로 드나들었다. 그런데 내가 나와 앉아 있는 시간이 되면 마치 비즈니스 모임 장소인 양 하얀 셔츠에 검정 넥타이를 맨 신사들이 들어와 앉아서 정중한 커피 서비스를 받으며 자신의 생활 이야기를 주고받았다. 다섯 명에서 일곱 명 정도씩 모여 앉은 그들은 IBM 초기 시절의 컴퓨터 본체 프로그래머 또는 시스템 분석가들이다. 그중 가장 말이 많은 사람은 제이슨인데, 거의 20년간 IBM에서 시스템 분석가로 일했고, 그보다 조금 젊어 보이는 폴은 첫 구조 조정 물결이 일던 당시 제이슨이 해고한 프로그래머였다.

1994년 나는 이따금 그곳에 들러 그들과 함께 늦은 오후 시간을 보내곤 했다. 제이슨이 직장을 나온 지 1년, 내가 빈으로 가는 비행기에서 리코를 만난 지 1년쯤 지났을 때였다. 리버 윈드 카페에서 그들은 자신들이 겪은 일들에 의미를 부여하려고 애썼는데, 이야기는 대체로 세 단계로 진행되었다. 내가 처음 그 토론에 합류했을 때 그들은 스스로를 회사에 의해 수동적으로 희생된 사람이라고 느끼고 있었다. 그러나 토론이 끝날 즈음에는 그들 자신의 행동이 화제에 올랐다.

해고당했다는 고통이 아직 생생했을 때는, 마치 회사에 기만당했다는 듯이 IBM이 배반자라는 전제 아래 토론이 진행되었다. 프로그래머들은 당시 그러한 결과가 있기까지, 변화의 조짐으로 보이던 회사와 관련된 사건이나 행태들을 떠올리며 분주히 이야기했다. 어느 특정 엔지니어에게 18홀 풀 라운딩 골프 코스 사용 허가를 해주지 않았던 일, 수석 프로그래머가 장소도 밝히지 않은 채 납득할 수 없는 출장을 갔던 일 등 작은 증거가 될 법한 단편적 사건들을 회상해낸 것이다. 바로 이 첫 번째 단계에서 그들은 해고가 상사들 선에서 미리 계획된 일이라는 증거, 즉 당시 그들이 느끼던 모욕감을 정당화할 만한 증거를 찾아내고 싶어 했다. 기만당하고 배신당했다는 감정은 재난이 그들의 탓이 아니었다는 의미이기 때문이다.

회사의 배신은 그 당시 회사를 방문한 외부 관찰자들에게도 충격이었다. 너무나도 극적인 이야기였다. 회사가 처음 발족할 당시부터 동고동락해온 고급 기술 전문가들이 하위직 관리 사원들이나 수위들보다 나을 게 없는 대우를 받게 된 것이다. 당시 회사는 파산 직전이었다. 1990년대 중반 IBM의 본사를 방문한 영국의 저널리스트 앤서니 샘슨은 활기를 되찾은 노동 인원을 보는 대신 회사 내에서 떠도는 사회적으로 혼란스러운 소문만 들을 수 있었다. 한 직원은 이런 말을 했다.

"엄청나게 스트레스를 받아요. 가정 폭력이 생겨났고, 정신 치료도 필요해요. 직접적으로는 해고 탓이죠. IBM 내부에서도 상황은 급속도로 변했어요. 엄청난 불안감이 가득 차 있어요."[11]

감원되지 않은 사람들도 자신이 특별한 이유가 있어서 살아남은 게 아니라, 이미 수명을 다했지만 덤으로 살아간다는 기분이었다. 이전에 IBM 사원이었다는 시골 목회자가 해고된 사람의 입장에서 샘슨에게 한마디 했다.

"그들은 비통해하고 배신감을 느끼고 있어요. (…) 우리는 스스로가 패배의 원인이었다고 느끼고요. (…) 고위층들은 수백만 달러를 벌어들이는 동안에 말이죠."

연구원 폴 캐럴은 IBM 사태를 연구하면서 익명의 노동자를 대상으로 노동 의욕을 조사했다. 어떤 노동자는 회사에 대한 충성보다는 개인의 노력을 더 존중하겠다는 회사의 새로운 방침에 대해 "무슨 존중? IBM은 모순적인 회사입니다. 존중이니 성실이니 감수성이니 하면서도 실상은 하위직 사원들을 억압하고 차별하는 회사입니다" 라고 설문지에 적었다. 그리하여 경영 컨설턴트 보고서는 "회사에 대한 충성은 끝났다"고 담담하게 인정한다.[12] 똑같은 구조 조정 과정을 거친 자매 회사 ATT의 한 간부도 자신의 심정을 이렇게 토로했다.

"공포 분위기였죠. 예전에도 이렇게 두려운 적이 있었지만, 4만

명을 한 번에 감원하려는데 누구인들 상사를 욕하지 않겠어요?"[13]

그러나 리버 윈드 카페에서 이러한 첫 반응은 계속되지 않았다. 프로그래머들은 미리 짜인 회사의 배신이라는 하나의 추론만으로는 해고가 논리적으로 완전히 해명되지 않는다는 점을 점차 깨달았다. 그 예로, 제이슨처럼 회사의 구조 조정 초기에 부하 직원들을 해고한 많은 고위직도 시간이 지나면서 퇴직하여 리버 윈드에 합류한 것이다. 사실 IBM은 1980년대와 1990년대 초반까지도 운영이 순조롭지 못했고, 불쾌한 사실들이 연간 결산 보고서에 세세히 기록되었다. 기존의 낡은 산업 문화의 역기능들이 그 보고서에 고스란히 드러나 있었다.

무엇보다도 이성을 지닌 성인인 프로그래머들은 미리 계획된 것이건 아니건 간에 음모 이론이 상사들을 악의 무리로 만들어버렸다고 분명하게 의식했다. 폴이 수석 프로그래머의 네 번째 또는 다섯 번째 의문스러운 출장에 관한 이야기를 꺼내자, 그 자리에 있던 다른 사람들이 마침내 그에게 의문을 표시하기 시작했다. 제이슨이 "이봐, 자네는 그가 착실하다는 거 잘 알잖아. 아마도 여자 친구를 만나러 갔을 거야. 아무도 그 진짜 이유는 알 수 없는 거야"라고 말했다. 이 말에 모두 동의했다. 이러한 공감은 그동안 막연히 상상으로 당시 일어난 일을 해석하는 데서 벗어나 현실에서 그 원인을 찾는 계기가 되었다.

두 번째 단계에서는 비난할 만한 외부 요인을 찾는 데 초점이 맞추어졌다. 리버 윈드 카페 모임에서는 '글로벌 경제'가 그들에게 불행을 가져다준 근원으로 드러났고, 특히 외국인 노동자의 고용이 더 큰 문제였다. IBM은 몇 가지 프로그램 작업을 아웃소싱하기 시작했고, 인도에서 근무하는 직원들에게는 미국에서 근무하는 직원들보다 임금을 훨씬 적게 지급했다. 그들은 회사가 이렇게 낮은 임금으로 외국인 전문가들을 고용하여 미국인 전문가들을 쓸모없는 존재로 만들어버렸다고 생각했다. 더욱 놀라운 것은, 회사의 커뮤니케이션 네트워크가 마치 인도의 수출품이 도착하는 항구인 엘리스 아일랜드처럼 기능했다는 점이다. 즉, 통신 기술의 도움으로 인도의 아마다바드에서 작성된 코드가 본사에서 작성된 코드보다 더 빨리 감독자의 책상 위에 도착하게 되었다(이 점에서 제이슨은 구조 조정이 들이닥칠 때를 대비해서 자신의 감독자들에게서 배웠다는 다소 역설적인 사실 하나를 말해주었다. 하이테크 회사에 근무하는 노동자는 자신의 판단이나 비판을 가능한 한 입 밖에 내지 말아야 하며, 나중에라도 책잡힐 만한 흔적을 남기지 않아야 한다는 것이다).

그들의 마음속에는 열심히 일해온 미국 본토인들이 누려야 할 기회를 외국인들이 갉아먹고 있다는 두려움이 깊숙이 뿌리 박혀 있었다. 19세기에는 매우 가난하고 기술도 부족한 이민 근로자들이 임금을 덜 받고도 일하려 했기 때문에 마치 본토인들의 일자리를 빼앗아가는 것처럼 보였다. 오늘날에도 글로벌 경제가 이러한 구시대적 두려움을 다시금 일으키고 있다. 다만 과거와는 달리 위협을 느끼는 사람들의 범위에 기술이 없는 사람들뿐만 아니라 글로벌 노동 시장의 물결에 휩쓸린 중간 계층과 전문직 종사자들도 포함되어 있을 뿐이다. 많은 미국 의사도, 예를 들면 제삼세계 국가 출신의 '싸구려 의사들'이 몰려들면서 자신들의 안정을 위협한다고 생각한다. 왜냐하면 의료 보험사나 공공 보건 기구들이 이러한 값싼 인력을 활용하며 그들에게 일종의 압력을 행사하고 있다고 보기 때문이다. 경제학자 레스터 서로는 이러한 위협을 일반화하여, 전 세계에 걸쳐 저임금 지역으로 노동력을 구하려고 이동하는 현상은 미국과 같은 국가의 임금도 끌어내렸다고 주장했다. 합리적으로 생각해보면, 이러한 글로벌 노동 시장에 대한 공포에도 논쟁의 여지가 있다. 한 예로 폴 크루그먼은 미국의 국가 수입 중 단 2퍼센트만이 저임금 국가에서 나온다고 지적했다. 그러나 개인이 재난을 당한 이유를 외부의 위협에서 찾는 이런 믿음은 그 뿌리가 깊으며 사실을 외면하게 한다.

예를 들어, 여러 달 동안 지속된, '보호주의적' 색채를 띤 그 카페의 토론 참가자들은 자신들이 겪은 고통을 외부적 조건에서 설명했다. 즉, 그들은 외국의 영향을 회사의 '아웃사이더' 고용 시책과 동일시하여 설명했다. 그들은 여러 번 IBM 신임 회장 루 거스너가 유대인이라는 사실을 강조했다. 불행히도 이러한 양상은 1994년 선거 기간 중에도 나타났다. 그들 중 여러 명이 극우파 후보자에게 표를 던졌는데, 보다 안정된 시기였다면 그들은 자신의 선택이 어리석다는 사실을 깨달았을 것이다.

그러나 이러한 해석은 오래가지 않았다. 근로자들이 자신의 직업, 특히 그들이 가진 전문적 가치에 대해 토론하기 시작하자마자 아웃사이더들을 못 미더워하던 태도가 전혀 다른 방향으로 바뀌었다. 엔지니어들과 마찬가지로 프로그래머들도 범세계적인 디지털 커뮤니케이션과 같은 기술적 발전의 덕목들을 신뢰했다. 또한 인도 노동력의 질도 인정했다.

이러한 인정에는 전문가적 기준들에 추상적인 존중심을 표하는 것 이상의 의미가 있다. 사람들이 함께 이야기하고 있다는 사실이 무엇보다도 중요했다. 인도의 저임금 전문가들에 대한 못 미더움과 IBM 새 유대인 회장의 책략을 함께 엮어 그럴듯하게 짜 맞추던 단계에서는 프로그래머 자신들의 일 내용에 관해서 서로 의견이 달랐다. 빈번히 당혹스러운 침묵이 토론의 탁자 위로 흐르곤 했다. 회사의 배신과 대외적 요인으로 발생한 희생, 이 두 가지가 대화를 단지 불평불만을 터트리는 수준에 머물게 했다. 외부의 적에게만 초점을 맞춘 것은 누가 뭐라 하든 전문가인 그들 프로그래머의 격에는 어울리지 않는 태도였다. 그들은 오로지 다른 사람들의 행동이나 잘 알지도 보지도 못한 다른 것에 대해서 이야기했고, 그들은 범세계적 힘에 수동적으로 굴복한 상태였다.

IBM 피고용인 중 가장 연장자이고 다시 일어서기 위해 가장 고생한 짐은 내게 이렇게 말했다.

"과거 한국 전쟁에 참전해서 싸우면서 '난 이 진흙 바닥에서 아무것도 아니고 그저 하수인일 뿐이구나'라고 생각했어요. 하지만 IBM에서는 그보다 더 완벽한 하수인이었지요."

앞서 출장 갔다가 돌아온 상사가 미심쩍었다는 말을 꺼냈던 폴이, 그가 무척이나 칭찬한 짐에게로 대화의 방향을 돌렸을 때, 세 번째 단계가 시작되었다. 그는 짐에게 IBM이 도무지 자신들의 경력을 인정해주지 않았다는 점을 상기시켰다. 물론 그들도 한때 회사를 신뢰했다. "우리는 우리 일을 사랑해요"라는 폴의 말은 이른바 요점에 근접했다. 이에 짐이 "그건 맞는 말이죠. 나도 내가 할 수 있을 때는 일하는 것을 좋아해요"라고 응답했다. 그리고 그들은 각양각색으로 말하기 시작했다.

이러한 세 번째 단계를 거치면서 프로그래머로서 필수적인 지각과 의식이 일부 회복되었다. 그러나 그러기까지 그들은 상당한 대가를 치렀다. 이제 초점은 하이테크 업무의 역사와 최근의 엄청난 성장, 그리고 산업과 과학의 도전을 감당해내는 데 꼭 필요한 기술들에 맞춰졌다. 마침내 다른 사람들에게 그들이 당하기만 했다는 강박관념을 버리는 순간이 오자, 카페에 둘러앉아 이야기하는 남자들의 대화 색깔에 뭔가 큰 변화가 생겼다. 전문 분야를 주제로 삼자, 프로그래머들은 제각기 자신이 할 수 있는 일이 무엇인지, 현재의 어려운 상황을 예방하도록 진작에, 그들이 좀 젊었을 때, 좀 더 일찍 서둘러서 했어야 할 일이 무엇인지 말하기 시작했다. 월터 리프먼이 예측했던 대로, 이 세 번째 단계에서 자기 경력에 대한 일장 연설이 마침내 등장했다. 개인적 의지와 선택, 전문가로서의 자격, 실무 능력 등 모든 것이 튀어나왔다. 그런데 이러한 진술에서는 승리보다는 실패가 주제였다.

토론은 개인용 컴퓨터 분야에서 산업 성장이 일어날 당시 IBM은 여전히 컴퓨터 본체 연구에만 매달렸다는 사실을 전제로 진행되었다. 프로그래머 대부분은 본체 전문가였다. 그리하여 그들은 자신들이 너무 회사에 의존적이었고, 회사의 약속만 믿었으며, 창조적 주체가 되지 못한 채 짜인 일에만 맞추어 살아왔다고 스스로를 책망하기 시작했다. '책망'이란 유죄를 고백하는 것일지 모른다. 그러나 그들의 대화 속에서 적어도 과시적이거나 자기 연민에 빠진 질책은 들을 수 없었다. 컴퓨터 본체, 워크스테이션, 자바의 가능성, 주파수 범위 그리고 자기 자신 등이 주로 화제로 올랐다. 세 번째 단계에서는 10년 내지 12년 전에 소규모의 벤처형 기업을 거쳐 개인용 컴퓨터 분야에 뛰어들어 성공했거나 인터넷의 가능성을 예견한 사람들의 성공담이 열거되었다. 바로 이것이 리버 윈드 카페에서 프로그래머들 자신이 했어야 할 일이라고 생각하는 것이었다. 그들이 획기적 첨단 기술이 모인 작은 동네, 즉 실리콘 밸리의 젊은이들과 같은 벤처 기업가가 될 수도 있었다는 생각이었다.

네트워크 전문가인 킴은 어느 날 이렇게 주장했다.

"우리는 실제로 그 예를 봤어요. 우리는 서부 연안에서 진행되는 일들을 모두 알고 있었는데 아무 대응도 하지 않았죠."

짐만 빼고는 모두가 머리를 끄덕이며 동의를 표했다. 짐은 급증하는 자본의 문제를 언급했다. 킴이 대답했다.

"말도 안 돼요. 이 사업은 오늘에 관한 게 아니라 앞으로 일어날 일에 관한 거예요. 그걸로 돈을 버는 거지요."

IBM 내부의 커다란 실책의 역사, 유연성에 대한 열망 때문에 시행된 회사의 구조 조정, 그리고 인도인 프로그래머들에 의한 범세계적 노동 시장의 출현 등 모든 것이 그들이 물러날 시기라는 점을 알리는 신호로 재배열되었다. 그들은 모험을 감행했어야만 했다.

IBM과 그들에게 일어난 일에 관한 이야기는 이쯤에서 접기로 하자. 내가 관찰한 마지막 이해의 과정은 지역 공동체에서 마주치는 이웃들의 행동 변화와도 부합하는 듯 보인다. 과거 그들은 마을의 연장자나 학교 위원회 위원으로서 지역 일을 주도했으나 이제는 그런 자리에서도 물러났다. 그들은 지역 공동체에서 아무 일 없었다는 듯 고개를 들고 다니는 것을 별로 부끄러워하지 않았다. 왜냐하면 이미 많은 마을 사람이 IBM에서 해고당했고, 지역 사회의 격변으로 사업 운영이나 비즈니스에서 재정적으로 고통받아왔기 때문이다. 그들은 지역 사회의 문제에 흥미를 잃어버렸다.

그러나 그들이 굉장히 정력을 쏟아부으면서 지켜나가는 공동체가 있었다. 그들은 교회 신도로서 봉사 임무를 수행하는 데는 소홀해지지 않았다. 이는 그들이 다른 교회의 신도들과 개인적으로 접촉할 수 있다는 점에서도 중요하다. 다른 지역과 마찬가지로, 이 지역에서도 기독교 복음주의나 근본주의 교파가 급격히 부상했다. 가장 나이가 젊은 폴이 "그리스도 안에서 거듭나면서부터 포용력도 넓어지고 덜 투쟁적이 되었어요"라고 말했다.

내 이웃들이 자신의 인생사에 책임감을 가지고 있다면, 그러한 윤리적 행동은 어떤 특별한 방향으로 각색되게 마련이다. 즉, 그들은 자신의 내부를 향해 방향을 바꿨다.

이 글을 실리콘 밸리 출신의 성공한 기업인들이 읽는다면, 이렇게 한마디 할지도 모르겠다.

"그들이 좀 더 모험을 무릅썼어야 했다는 점을 보여주는 이야기다. 그리고 일단 '직업'의 현대적 의미를 알았다면, 그들은 스스로를 책임질 수 있도록 그 자리를 꼭 붙잡았어야 했다. 그들은 적절한 행동을 하는 데 실패했다."

물론 이러한 냉혹한 판단은 프로그래머들이 선견지명을 지녔다는 가정하에서만 가능하다. 비록 그렇다 해도, 리버 윈드 카페에서 진행된 그들의 토론은 오늘날의 직업 속에 자리 잡아 우리를 괴롭히는 취약점이 무엇인지 경고해주는 이야기로 새겨둘 만하다.

이쯤에서 이 문제를 정리한다면, 이들이 정작 이야기하려 했던 것, 즉 실패에 어떻게 직면하였으며, 각자의 인간성에 따라 그것을 어떻게 이해했는지를 놓칠 것이다. 미셸 푸코가 세상을 떠나기 전 간단한 인터뷰를 청한 적이 있는데, 그때 그 철학자는 "사람은 자신을 어떻게 다스려야 할까요?"라고 되물었다.

> 자기 자신이 어떤 행동의 대상이 되고, 자신이 그 행동에 적용되는 영역이며, 자신이 사용하는 도구이고 동시에 행동하는 주체라고 한다면, 과연 어떻게 '자기 자신을 다스릴 수 있을까?'[14]

프로그래머들은 실패와 자기 한계의 실체에 대면하는 방법을 찾아 그 질문에 답을 구해야만 했다. 그들에게 일어난 일을 이해하려는 이러한 노력은 변화에 수동적, 맹목적으로 고통받기보다는, 리프먼이 말한 것처럼 '정복'하려는 정신과 일치한다. 확실히 그들이 취한 행동은 서로의 실패담을 털어놓는 것이었다. 그것은 실제적 행동이라고 볼 수 있다. 그들은 각자의 실패를 털어놓으며 이른바 실패에 관한 터부를 깨고 표면으로 드러냈다. 이러한 이유로 그들이 대화로 터부를 깨는 방식을 이해하는 것이 중요하다.

그 남자들은 세 단계의 이야기를 제시했고, 세 단계 모두가 하나의 결정적인 전환점을 가지고 있다. 첫 번째 전환점은 기존의 경영이 전문가들을 배신하기 시작할 때였고, 두 번째는 외부의 침입자가 등장했을 때였고, 세 번째는 프로그래머들이 밖으로 나가는 데 실패하는 순간 일어났다는 것이다. 그런데 아무도 자신들의 개인적 재난이 초대 회장 토머스 왓슨 시니어의 시기에서부터 오랜 시간에 걸쳐 천천히 전개되어왔다는 이야기는 하지 않았다.

물론 갑작스럽고 혹독한 변화를 둘러싼 이야기를 만들어내는 것은 소설이나 전기 문학에서 사용하는 낯익은 방법이다. 예를 들어, 장 자크 루소는《고백록》에서 어릴 때 밀레 랑베르세에게 회초리를 맞은 경험에 비추어 "여덟 살의 나이에 서른 살의 여성에게 받은 유치한 처벌이 내 취향이나 열망, 열정 그리고 인생을 향한 자아관까지 결정하리라고 누가 예상할 수 있었을까?"[15]라고 말했다. "나 자신이 전혀 나답지 못하고 완전히 정반대의 인간성을 지닌 다른 사람으로 여겨질 때가 있다"[16]고 말할 때 느낄 수 있는, 내면에 흐르는 야성에도 불구하고, 루소는 그러한 변화를 계기로 자기 인생의 형태를 잡아 나간 것이다. 어려운 시기에 익히는 습성은 변화를 혼잡하고 맹목적이며 일시적인 관점보다는 이해력 있고 분명한 관점을 가지고 대한다. 괴테의 자서전에도 변화를 겪으며 느끼는 이와 같은 심정이 묘사되어 있다. 과거의 삶을 버리기로 결심하면서 괴테는 "그가 어디로 가는지 누가 알겠는가? 자신이 어디에서 왔는지도 기억하지 못하는데!"[17]라고 스스로에게 말했다.

루소의 사상에 비춰볼 때, 매 순간 의미를 규정하고 명확히 하는 그들의 습성 때문에 프로그래머들은 자신들의 직업 형태를 이해할 수 있었다. 물론 그들의 세 단계 토론은 그다지 깔끔하고 잘 정돈되어 있지는 않다. 편안한 담소가 어쩔 수 없이 끼어들어 있다. 그래서 처음 두 단계의 토론에서는 성가신 진실들이 사건의 의미 규정을 방해했다. 첫 번째 토론에는 IBM 상황에 대한 그들의 실제 지식이 담겨 있고, 두 번째 토론에는 공학적 발전에 대한 그들의 신뢰와 자신의 전문가적 능력에 대한 자부심이 담겨 있다. 반면 세 번째 토론은 이야기 형식으로 서로 자유로이 나눈 담화가 주를 이룬다. 토론되는 이야기의 줄거리는 얼마든지 변화할 수 있다. 단단한 중심, 즉 '나' 그리고 '진작에 했어야만 했는데 하지 않은 그 일이 내 인생을 내 손에서 빼앗아 갔다'라고 하는 몇 가지의 잘 짜인 플롯을 바탕으로 전개되어 나간다. 각각의 의미 규정은 프로그래머들이 수동적인 희생물이라는 의식에서 벗어나 더 능동적인 상태로 태도를 바꿀 때 일어난다. 이제 그들의 행동은 한 가지 이야기의 일부로서 중요하다. 해고되었다는 사실이 더는 세 번째 토론의 의미를 규정하는 결정적인 사건이 될 수는 없다. 결정적인 사건은 1984년 혹은 1985년에 있었다. 그때 그들은 적기에 회사를 그만두지 않았던 것이다. 그러한 의미를 규정하는 순간에 대해서는 그들 자신이 책임을 져야 한다. 이러한 변화를 맞으면서 그들은 비로소 자신이 직업 세계에서 실패했다는 사실을 인식하기 시작한다.

실패를 둘러싼 터부들을 살펴보면, 사람들이 실패를 대단히 무질서하고 좋지 못한 경험으로 여기고 있다는 점을 알 수 있다. 또한 단 한 번이라도 이를 단호히 거부했다면 실패는 다가오지 못했을 거라고 여긴다. 중간 계층의 하향 이동에 관한 연구에서 인류학자인 캐서린 뉴먼은 "관리직에서 하위직으로의 하향 이동은 여러 가지 좋은 점도 있지만, 반면에 혼란스럽고 애매한 극한의 상황을 겪게 한다"고 보고했다. 간부들의 하위직으로의 하향 이동에 대해 그녀는 이렇게 말했다.

> 처음엔 자신이 스스로 생각한 수준의 사람이 아니라는 것을 깨닫고, 그 후에야 자신이 누구며, 무슨 일을 하는 사람인지를 분명하게 정립한다.[18]

리버 윈드 카페의 남자들도 결국에 가서는 이처럼 주관적이고 애매했던 감정에서 벗어난다.

실패를 풀어나가는 이러한 이야기 방식은 자의적 해석을 내리게 할 소지가 있다고 보일지도 모른다. 《차라투스트라는 이렇게 말했다》에서 니체는 보통 사람은 과거에 대해서 성난 관객이므로 "과거로 향하려는 의지"가 부족하다고 말한다.[19] 그러나 그 프로그래머들은 과거에 대해 성난 관객으로 살지는 않은 듯했고, 따라서 그들의 의지는 오히려 과거의 시간 쪽으로 기울어 있었다. 그리고 이야기가 전개되며, 마침내 회사와의 관계를 더는 아버지와 자식이라는 가부장적 관계로 여기지 않게 되었다. 즉, 힘 있는 자들은 교활한 악마들이고 인도인 경쟁자들이 불법 침입자라는 식의 관점을 버렸다. 이런 식으로 그들의 이해는 더욱 현실적이 되어갔다.

이러한 '형식'의 이야기는, 리프먼이 파괴적이라고 생각한, 목적의식 없이 내면으로 표류하는 듯한 그들의 심리 상태를 과연 어떻게 극복할 것인가? 현재 시대적 환경에 매우 적합해 보이는 다른 종류의 이야기 형식을 생각해보자. 소설가 살만 루슈디는 현대적 자아를 "우리가 사소한 일들, 신조, 어린 시절의 상처, 신문 기사, 우연한 말, 옛 영화, 작은 승리들, 미워하는 사람과 좋아하는 사람" 등으로 지어 올린 불안정한 건축물이라고 주장한다.[20] 그에게 인생 이야기는 하나의 콜라주 작품, 즉 예기치 않게 일어나고 발견되며 즉흥적으로 벌어지는 사건들을 가지고 만들어낸 파편들의 조립품이다. 철학자 지그문트 바우만과 신학자 마크 테일러도 불연속성에 관하여 똑같이 강조한다. 그들은 제임스 조이스나 이탈로 칼비노 같은 소설가들이 잘 만들어진 플롯에 일상적인 경험의 흐름을 싣고자 노력한 데 찬사를 보낸다.[21] 인간의 영혼은 끝없이 생성되는 과정에 머무르며, 자아는 결코 완성되지 않는다는 것이다. 이러한 조건에서는 처음부터 일관된 인생 이야기는 있을 수 없으며, 이야기 전체를 조명해줄 만한 특별한 변화의 순간도 명확히 할 수 없다.

그러한 이야기 속에 흐르는 관점은 때로는 '포스트모던'이라는 딱지가 붙은 채 현대의 정치, 경제에서 시대 경험을 반영하고 있다. 끊임없이 변화하고 새로운 경험에 항상 개방되어 있는 유연한 자아와 단편들의 콜라주는 단기적 업무 경험이나 유연한 제도, 지속적으로 모험을 감행해야 하는 업무에 적합한 심리 조건이다. 그러나 만일 모든 인생사가 단지 단편들의 자의적인 조립품이라고 한다면, 어떤 경력의 갑작스러운 실패를 이해할 수 있는 여지가 없다. 또 실패가 단지 또 하나의 사소한 사건일 뿐이라고 여긴다면, 실패의 중압감과 고통을 측정할 수가 없다.

프로그래머들의 직업적 환경에는 단편적인 이야기가 될 만한 소재가 특별히 많았다. 건축가인 윌리엄 미첼은 《비트의 도시》에서 사이버 스페이스를 이렇게 정의했다.

> 지표면의 어느 제한된 장소에도 근거를 두지 않는 도시 (…) 그리고 가명이나 대리인들의 집합체로 존재하며 육신에서 영혼이 분리되고 조각조각 나뉜 백성들이 거주하는 도시 (…)[22]

기술 분석가 셰리 터클은 어느 젊은 사람의 말을 인용하여 다음과 같이 적었다.

> 난 단지 내 정신 한 부분의 스위치를 켜고, 그다음 이 창에서 저 창으로 이동하며 그때마다 다시 스위치를 켭니다. 한 창에서는 논쟁에 참여하고, 다른 창에선 한 여자와 채팅하고, 그리고 다른 창에서는 업무용 스프레드시트를 처리하고 있을지도 모릅니다.[23]

프레드릭 제임슨은 컴퓨터 화면상의 윈도우를 통해 이동하는 것과 같은 현대의 경험 속에 있는 "단위 요소들의 그치지 않는 순환"에 대해 말했다.[24]

프로그래머들은 대화하는 동안 특별한 관련성이 없어 보이는 표면상의 이야기 속에서 연관성을 발견했다. 일관성을 찾으려는, 그리고 권위적인 '나'를 추구하는 과정에서 그들의 이야기는 참으로 전근대적이었다. 즉, 그들의 화법은 요즘 말로 표현하면 '저항의 말투'라고 할 수 있다. 그러나 이들 대화가 대단원의 막을 내렸을 때, 그 윤리적 수준은 그보다 심오해졌다.

그들은 자신들이 신체적으로 아직 혈기 왕성했는데도, 기회를 날려 보낸 '퇴물'이라는 평가에 대한 분노보다는 일종의 체념의 표현으로 대화를 마감했다. 이 마지막 세 번째 단계에서, 그들은 투쟁 의지를 어느 정도 완화하여 포기하는 셈이었다. 그들은 많은 중년 세대가 극복해야 하는, 인생 깊숙이 자리 잡은 피로감을 느꼈다. 실패를 깊이 맛본 사람들은 누구나 그러한 순간의 감정을 이해할 것이다. 희망과 열망이 무너진 현실을 받아들이고, 자신의 능동적 목청을 그대로 지니는 것이 실패를 견디게 하는 유일한 방법이다. 단순히 참으려는 의지를 표명하는 것만으로는 충분치 않다. 리코는 이에 대해 지침이 되는 여러 원리를 많이 알고 있으며 갖가지 훌륭한 조언들도 받아보았으나 그 어느 묘책도 그의 두려움을 치유해주지는 못했다고 했다. 엔지니어들은 스스로에게 '진작 알았어야 했어'. '만약에 … 하기만 했어도' 등의 말로 충고하려 한다. 이로 미루어 볼 때, 고통을 제거하는 일이 체념과 전혀 무관하지는 않을 듯싶다. 체념한다는 것은 객관적 현실의 무게를 인정한다는 뜻이다.

이렇듯 그들의 이야기는 자기 치유적인 시도였다. 일반적인 이야기는 그 구조를 통해서 치유 작용을 하지, 결코 조언을 통해 하지는 않는다. 존 버니언의 《천로역정》처럼 교화 중에 수치심을 자극하지 않도록 아무리 멋진 알레고리를 구사하더라도, 독자에게 어떻게 행동할 것인지를 보여주고자 하는 의도의 한계를 넘어서게 마련이다. 예를 들어, 버니언은 악마의 유혹을 너무 복잡하게 묘사해서, 독자가 그가 제시한 해결책을 따르도록 촉구하기보다는 기독교적인 어려움에 봉착하게 만들어놓았다. 이야기를 통한 치유는 반드시 어려움에 대한 개입에서 나온다. 이야기를 해나가는 치유 작업은 이야기의 관심을 '옳은' 길을 찾아주는 사건들에만 국한하지 않는다. 좋은 이야기라면 '나쁘게' 보일 수 있는 현실도 인식하고 탐사한다. 연극을 보는 관객이나 소설을 읽는 독자는 사람과 사건이 하나의 시간 패턴에 맞춰 체험하는 데서 특별한 위안을 경험한다. 이야기의 '모럴'은 조언의 내용에 있는 것이 아니라 그 형식에 들어 있다.

결론적으로, 이 남자들은 과거의 실패에 항거하고 자신들 경력의 가치를 피력해보았지만, 앞으로 나아갈 길은 찾지 못했다고 말할 수 있다. 유연하고 파편화된 현실 속에서 일어난 일에 대하여 일관된 이야기를 만들어내는 것은 가능해 보이지만, 무슨 일이 일어날 것인가를 예측하는 이야기를 만들어내기란 더는 가능하지 않다. 리버윈드 카페의 남자들이 이제 지역 공동체의 일에 능동적으로 개입하지 않는다는 사실은 이러한 과거 시제의 조건을 확인시켜주는 것으로 보일 뿐이다. 또 유연한 체제는 끊임없는 '회복'의 과정에 있는 하나의 인간성 구조를 낳고 있는 듯 보인다.

아이러니하게도, 이들은 유연한 체계라는 골리앗에 대적하는 다윗들이다. 서로 실패에 대해 토론하고 그렇게 하면서 더욱 일관성 있는 자아 감각과 시간 개념을 찾아내는 방법을 발견한 프로그래머들이야말로 월터 리프먼이 감탄한 그런 유형의 사람들이다. 보다 넓은 공동체 의식, 그리고 더 풍부한 감각의 인간성이야말로 현대 자본주의에서 점차 늘어만 가고 있는 실패할 운명에 처해 있는 사람들에게 요구되는 덕목이다.

| 우리, 그 위험한 대명사 |

표류하는 삶을 구조하는 수단

신자유주의의 문제들에 대처하는 방법 중 내가 아는 가장 설득력 있고 실질적인 제안은 문제가 발생하는 장소에 초점을 맞추는 것이다. 현대의 기업들은 마치 특정한 장소에 그들이 전혀 구애받지 않는 것처럼 보이기 위해 노력하고 있다. 멕시코의 공장, 뭄바이의 사무실, 맨해튼 금융가의 미디어 센터 등은 범세계적 네트워크 속에 존재하는 단순한 연결 고리들처럼 보인다. 오늘날 지방이나 시市, 그리고 정부가 두려워하는 것은 어느 기업에 중과세나 해고 제한 등으로 통치권을 행사하려 할 때 그 기업이 네트워크 내의 다른 지역으로(즉, 멕시코가 안 된다면 캐나다에 있는 공장으로, 또 맨해튼이 안 된다면 보스턴에 있는 사무소로) 손쉽게 옮겨갈 수 있다는 점이다. 허드슨 밸리 지역에 있는 여러 지자체가 IBM 프로그래머들과 같은 지역 주민들의 직장 생활을 황폐화한 회사의 결정에 도전하려다가 IBM 지사들이 모두 다른 곳으로 옮겨 가는 사태를 우려해서 철회한 적이 있었다.

그러나 경제가 생각만큼 장소와 무관하지 않다는 징후가 이미 나타나고 있다. 사고 싶은 주식은 아이오와 시골 마을 뒤부크에서도 매입할 수 있으나 옥수수밭에서는 주식 시장이 열리지 않는다. IBM은 실제 그 회사와 얽혀 있는 공급망과 배급망 혹은 뉴욕에서 일어나는 금융 활동에 너무나도 깊이 뿌리내리고 있어서 간단히 외국으로 옮기기는 힘들다. 정치 경제학자 사스키아 사센이 관찰한 바에 의하면, 세계 경제는 외계에서 떠도는 것이 아니다. 동남아시아와 같이 세계에서 가장 유연한 노동 시장에서도 지역적, 사회적, 문화적 지리 여건이 투자 결정에 무척 중요시된다는 점이 점점 더 분명해지고 있다.[1] 장소가 힘을 가지게 되어, 신경제는 그에 따라 제한받는 것 같다.

그러면 신경제가 작용하는 영역 밖에서 신경제에 도전하는 것이 효과적일까? 아니면 그 영역 안에서 신경제의 작용을 개혁하고자 하는 것이 효과적일까? 유연성의 세 가지 구조적 양상(조직의 비연속적 개혁, 생산의 유연 전문화, 중앙 집중이 없는 힘의 결집) 중에서, 실제로 비연속적 재창조의 몇몇 파괴적 결과들은 신경제의 영역 밖에서 규제할 수 있다. 예를 들면 구조 조정 같은 경우 그 외 다른 구조적 양상들은 영역 밖에서 규제하는 것이 더 어렵다. 어떤 면에서는 단지 제한하기만 하는 것은 옳은 대책이 아니다.

신자유주의의 영역 밖에서 그 작용을 통제하려는 노력은 하나의 다른 합리성을 지녀야만 한다. 즉, 그 기업이 지역 공동체에 어떠한 가치를 지니고 있으며, 자체의 손익 계산보다는 시민의 이해에 기여할 수 있는지를 반드시 짚어보는 자세가 필요하다. 외적인 행동 기준을 부과하면 종종 내적 개혁이 시작된다. 글로벌 망의 세계는 형태가 일정하지 않고 지속적이지 못하기 때문에, 기업 외부 공동체의 책임 있는 행동 표준은 그 기업체가 '여기, 당신이 있는 그 자리에서, 바로 당장 어떠해야 하는지'를 염두에 두도록 한다. 그러나 기업을 더 대중화하는 것이 아무리 가치 있다 할지라도 한계가 있다. 예컨대 보스턴 제과점의 새 주인들은 회사의 이익이나 인적 자원을 공동 관리하면서 선량한 시민의 모습으로 일하고자 했다. 동료 노동자들에게 제빵 기술을 가르치려다 헛수고만 한 로드니 에버츠는 매주 한 번씩 일을 쉬면서 지역 기술 학교를 열어 제과 기술을 가르치려 했다. 그러나 이러한 대중을 위한 선의의 행동은 사람들이 제과점 내에서 더 열심히 일하게 만들지 못했고, 피고용인들의 직업의식을 강화하고자 한 에버츠의 목적도 달성하지 못했다.

장소는 지리적이며 정치적 목적을 지닌 위치다. 지역 공동체는 장소의 사회적, 개인적 반경을 환기한다. 장소는 사람들이 '우리'라는 대명사를 붙여 사용할 때, 하나의 공동체를 뜻하게 된다. 이런 식의 표현은 지역적 애착심은 아닐지라도 애착심을 요구한다. 한 국가는 그 안에서 사람들이 날마다 실천으로 믿음과 가치를 함께 구현할 수 있을 때, 하나의 공동체가 된다. 루소는 정치 행위가 이러한 일상의 생활 의식에 얼마나 깊이 기초를 두고 있고, 정치가 공동체의 '우리'에게 얼마나 많이 의존하고 있는가를 이해한 최초의 근대 사상가다. 현대 자본주의는 의도하지 않았지만 장소의 가치를 강화하고 공동체에 대한 갈망을 불러일으켰다. 우리가 작업장에서 탐사한 모든 감정적 조건(즉, 유연성이라고 하는 불확실성, 깊이 뿌리 박힌 신뢰와 책임감의 부재, 팀워크의 피상성 그리고 무엇보다도 세상에 자신을 세우는 일, 즉 자신의 직업을 통한 '인생의 쟁취'에 실패하게 하는 망령 등)이 그런 욕망을 자극한다. 이 모든 조건은 사람들이 뭔가 깊이 있고 전념할 만한 다른 것을 찾도록 강요한다.

오늘날 새로운 체계의 시간 속에서 '우리'라는 말은 자기 보호를 위해 사용된다. 공동체의 갈망은 방어적이어서 종종 이민자들이나 외부인들을 향한 거부로 표출된다. 가장 중요한 공동체적 구조는 적대적 경제 질서에 항거하는 방어벽이다. 확실히 '우리'라는 말을 혼란과 위치 상실에 대한 방어 기제로 사용한다는 것은 보편적 법칙이다. 이러한 위안처에 대한 열망에 근거를 둔 최근의 정치는 가난한 근로자들을 조종하거나 그들의 상대적 박탈감을 이용하는 강자들과 그들의 제도보다는 글로벌 노동 시장 주변을 떠도는 약자들에게 더 몰두하고 있다. 우리가 보았듯이, IBM 프로그래머들은 결국 심리학적으로 자신의 내부를 향해 방향을 돌렸다. 한 가지 중요한 단계를 거쳐서 그들은 이 공동체에 대한 방어적 의식을 발달시켰는데, 그러고 나서야 인도인 동료들과 유대인 사장에 대한 비난을 멈췄다.

'우리'라는 말이 외부 세계에 대항하는 대명사로 사용될 때는 종종 거짓된 미사여구로 이용된다. 리코는 이러한 거짓된 미사여구의 양면을 너무나 잘 알았다. 또한 그는 이웃들의 유대 관계가 그다지 강하지 못하다는 사실을 알아챘는데, 주로 3~4년마다 거주지를 옮기는 통근자들은 적당한 교외 지역으로 이사할 때마다 새로운 유대 관계를 시작해야 했다. 그리고 리코는 '우리'라는 단어를 공동체의 규범과 가정적 가치들의 언어로 표현된, 정태적인 추상 개념으로 여겼으며, 이미 그 내용을 과거에 거부했고 현재에는 실행할 수 없다고 보았다. '우리'는 이제 좀 더 대규모로 한 나라에, 혹은 그 내적 갈등의 역사에 여러 민족성이 잘못 맞춰진 조립품을 은폐할 수 있다. 그런데 이제 이렇게 가공되고 의심스러운 '우리'가 다시 생명력을 되찾고 있다. 새로운 형태의 정력적인 신자유주의에 대항하는 데 이용될 수 있다는 이유 때문이다.

그 위험한 대명사는 더욱 긍정적이며, 그리고 더욱 깊이 있는 탐험에 사용될 수 있다. 가령 '공동의 운명'이 라는 표현에서 이 두 목적을 살펴볼 수 있다. 신경제에서 도피하기보다는 신경제에 저항하기 위해서, 지속적인 인격적 관계를 '우리'라는 단어의 사용에 포함할 수 있을까?

사회적 결속은 근본적으로 상호 의존 감정에서 시작된다. 새로운 질서를 찬양하는 말들을 보면, 의존성은 수치스러운 조건이다. 엄격한 관료주의적 계급에 대한 공격은 이러한 의존성에서 벗어나 구조적으로 자유를 추구한다는 의미며, 리스크의 감행은 주어진 것에 복종하기보다는 자기주장을 적극적으로 펼쳐 보인다는 의미다. 현대의 기업체 내에서 '서비스'는 자신의 명예로운 자리를 잃어버렸다. 이 단어 자체는 자신의 시대에만 편승하는 기회주의자들의 최후 위안처를 떠올리게 한다. 컨설팅을 유연한 사업 활동의 절정이라고 찬양한 존 코터 교수는 컨설팅 사업이 그 어느 것에도 구속되지 않는다고 전제했다. 의존을 수치스럽게 여기는 정서는 강력한 공동체적 결속 관계를 증진하지 못하도록 한다.

그러한 태도들은 심리학적 편견 이상의 문제다. '복지 국가'에 대한 공격은 현대의 신자유주의적, 앵글로-아메리칸 체제에서 시작되어 다른 나라로 확산되었으며, 심지어 '라인적' 정치, 경제 체제로까지 파급되었다. 그러한 공격 논리는 국가에 의존하는 사람들을 도움이 필요한 사람들이라기보다는 사회의 기생충으로 의심하고 무시한다. 또한 그 기생충들을 활동적인 사회 구성원들을 방해하는 존재라고 보고, 복지 조직망과 수혜 자격을 파괴하면 경제가 더욱 유연하게 자유화한다고 정당화한다. 사회적 기생충들은 소위 생산 영역 깊숙한 곳에 자리 잡고 있으며, 적어도 무엇을 해야 하는지 알아야 할 필요가 있는 노동자들, 즉 자발적으로 주도권을 잡지 못하는 노동자들에 대한 경멸적인 표현으로 쓰인다. 사회적 기생충이라는 이데올로기는 작업 현장의 강력한 훈련 도구다. 왜냐하면 근로자들은 노동 현장에서 자신이 남의 노동에 기생해서 먹고사는 신세는 아니라는 것을 보여주고자 하기 때문이다.

의존성에 대한 좀 더 긍정적인 견해는 상투적으로 의존성에 독립성을 대립시키는 행위에 대한 도전이다. 우리는 별생각 없이 약하고 의존적인 자아와 강하고 독립적인 자아라는 대조적 차이를 수긍하고 있다. 성공과 실패라는 대조적 상황과 마찬가지로, 이러한 대립이 현실을 침체시킨다. 심리학자 존 볼비는 "정말 독자적이라고 여겨지는 사람일지라도 문화적 스테레오 타입이 전제하듯이 결코 그렇게 독립적이지 못하다는 점이 증명되었다"고 주장하면서, 성인의 생활에서 "건강하고 독립적인 사람도 상황이 요구할 때는, 그리고 의존하기에 적합한 사람을 알고 있을 때는 그 사람에게 의존할 수도 있다"[2]고 말한다. 절친한 인간관계인데도 다른 누군가에게 의존하기가 두렵다면 그 사람을 신뢰하지 못한다는 의미다. 이 때문에 신뢰 대신 방어적 반응이 지배하는 것이다.

이와 유사하게, 공개적인 의존과 수치심을 거의 연관 짓지 않는 사회도 많다. 약자에게는 강자들이 필요하기 때문이다. 고대 로마 시대에는 예속에서 풀려난 평민이 그가 섬기던 옛 주인인 귀족에게 도움을 청하거나 부탁을 하는 것은 자연스러운 일이었고, 귀족 또한 그런 요청을 한 사람을 돌봐주지 못하면 체면을 잃었다. 루이 뒤몽과 타케오 도이도 인도와 일본 사회에서는 이러한 의존이 결코 자기 실추의 표시가 아니라는 점을 밝힌 바 있다.[3] 초기 자본주의에서는, 알베르트 허쉬만이 보여준 바와 같이 사업 관계에서의 신뢰는 상호 의존을 공개적으로 인정한 결과다. 다시 말해서 강자와 약자 사이의 명예로운 관계와는 다르지만, 아직도 혼자 힘으로는 스스로를 지탱하기 힘들다는 사실을 인정하면서 생겨난 것이다. 17세기에 출간된 《완전한 상인*Le parfait négotiant*》의 저자인 자크 사바리는 "인간이 서로 거래하고, 그래서 서로 도와야만 한다는 상호 필요성이 그들 사이에서 우정의 끈을 엮는 것"[4]은 신의 섭리라고 선언했다. 1세기 후 몽테스키외는 그 교섭자들이 상호 필요성을 인정했을 때, "교역은 (…) 원시적 방법들을 개선하고 순화한다"[5]는 사실을 관찰했다.

물론 상호 필요성은 현대의 사업 처리도 지배한다. 만일 서로 필요가 없다면, 교환도 없을 것이다. 그리고 대부분의 사람들에게 필요는 똑같지 않다. 왜냐하면 현대 노동 시장에서는 대다수가 다른 누군가를 위해 일하기 때문이다. 새로운 질서가 의존에 대한 그러한 야만적 사실을 없애지는 못했는데, 미국에서 자기 자신만을 위한 풀타임 자기 고용 비율이 과거 40년 동안 8.5퍼센트 정도로 계속 유지되고 있다는 사실이 그 예다.

단 한 번의 충격적인 실패라는 개인적 경험 때문에, 대부분의 사람들은 장기적으로 볼 때 자신이 스스로에게 충분치 못한 사람이라고 인식하게 된다. IBM 프로그래머들의 대화에서 특히 인상적이었던 것은, 그들이 죄책감이나 수치심을 느끼지 않고 실패에 대해 아무렇지도 않게 이야기했다는 점이다. 그러나 이러한 결과는 그들이 혼자가 아니며 다른 사람들과 운명을 공유하기 때문에 가능했다. 그다지 어감이 강한 단어는 아니지만 하여튼, 그들은 그들이 상호적인 도움이 필요하다는 점에서나 아니면 자신이 충분하지 못하다는 점에서나 어떤 경우에도 수치심을 느끼지 않는 심리적 상태에 도달했다.

자신의 한계와 상호 의존성에 관한 또 하나의 긍정적 견해는 정치, 경제적 영역보다는 종교, 윤리적 영역에 속한다고 생각할 수 있다. 그러나 의존성에 대한 수치심은 실제적인 결과를 가져온다. 상호 신뢰와 책임감을 손상시키고, 따라서 사회적 결속력이 약해져 집단인 기업체의 업무 활동을 위협한다.

신뢰의 어려움은 두 가지 형태를 띤다. 한 가지는 단순히 신뢰가 없는 상태고, 두 번째는 타인들에게 보다 강한 의심을 품은 상태다. 우리가 보았듯이, 신뢰로 인한 결속은 사람들이 누구에게 의존해야 하는지를 알수록 관료주의적 균열의 틈새에서 비공식적으로 발전한다. 일이 잘못될 때, 그리고 도움이 다급하게 필요할 때, 이러한 신뢰의 결속력이 시험대에 올려진다. 보스턴 제빵사들의 결속력이 약해졌다는 점은 기계가 고장나자 그들이 속수무책이었다는 데서 알 수 있다. 제빵사들은 위기가 닥쳤을 때 서로 의지가 된다고 생각하지 않았는데, 정확한 생각이었다. 아무도 기계를 몰랐다. 사람들은 유연한 시간 스케줄에 맞추어 왔다 갔다 하기만 할 뿐이었다. 그들은 본업 외에도 다른 일거리와 책임질 것이 있었다. 보스턴 제빵사들의 관계는 상호 의심이라기보다는 신뢰의 부재 상태다. 이에 대한 근거는 없다. 신뢰의 부재는 또한 힘의 유연한 행사에 의해서도 생겨난다. 구조 조정이 진행되던 몇 년 동안 앤서니 샘슨이 지적했듯이, IBM은 구조 조정에서 살아남은 피고용인에게 이제는 그들이 스스로에게 의지해야 하며, 더는 회사의 자식이 아니라고 말하여 자신에 대한 신뢰의 부재를 시사한 바 있다. 다음의 메시지는 설득력 있으면서도 함축적이다.

"우리는 위기가 닥칠 때는 함께 서로를 끌어줍니다. 그렇지만 당신이 스스로를 돌보지 않는다면, 우리는 당신 없이 일할 겁니다."

도움이 필요한 것을 수치스럽게 여긴다면, 이는 다른 사람을 결정적으로 신뢰하지 못한다는 의미다. 광고 회사에 다니던 젊은 여성들에 대한 로즈의 이중적 감정 상태를 한번 생각해보자. 도심 번화가에 위치한 사무실에 근무하러 가는 것 자체가 로즈의 나이로 볼 때 모험의 시작이었으며, 그녀는 자신의 옷이나 심지어 안경 모양에 대해서까지 민감하게 의식했다. 그녀는 자신의 외모에 수치심을 느꼈고, 심지어 자신감을 회복할 필요가 있다는 데에서도 부끄러워했다. 그녀는 자신감 회복을 위해 젊은 여성들에게 의존했다. 그러나 그들이 도움을 주었을 때, 그녀는 그것을 믿지 않았다. 내가 로즈와 만나 이야기를 나눈 몇 달 동안, 그녀는 젊은 여성들의 '선심을 쓰는 듯한 태도'에 대한 이야기를 반복했다. 로즈는 그녀가 재치 있는 농담꾼으로 여긴 팀의 조정자를 걱정하는 것 이상으로 그 젊은 여자들이 말하는 것을 그대로 믿을 수 있는지, 그녀들이 자기에게 어떤 행동을 보일지에 집착했다.

이것을 단지 상처받은 한 사람의 자존심 문제라고 말할 사람이 있을지도 모르지만, 나는 그렇게 생각하지 않는다. 복지의 필요성, 수혜자 자격, 사회 안전망 등에 대한 최근의 토론은 한편에서 복지 혜택을 받는 사람을 사회적 기생충이라고 모욕하고, 다른 한편에서 그렇게 모욕한 사람들에게 분노하는 등 신랄하게 진행되었다. 의존성과 자신의 한계에 수치심을 느끼면 느낄수록, 사람들은 모욕당했다고 여기고 더욱 강한 분노를 느낀다. 다른 사람에 대한 신뢰감을 회복하려는 노력은 반사적 행동이다. 그것은 자신의 약점에 대한 두려움을 극복하라고 요구한다. 그러나 이러한 반사적 행동에는 사회적 배경이 있다. 소속 직원들의 자율성을 자극하고 독립성과 자율을 긍정하는 조직체들이 막상 그 결과에는 실망할 수 있다. 그리고 위기가 닥쳤을 때 다른 사람에게 의존하는 것을 부정적으로 여기는 사회 구조는 사람들 사이에 애정이 없는, 공허한 신뢰 부재 상태를 이끌어낸다.

'신뢰', '상호 의존' 그리고 '의무감'은 '공동체주의Communitarianism' 운동에 연결된 말들이다. 이 운동은 도덕적 기준을 강화하고 동정심과 타인을 위한 희생정신을 요구한다. 이러한 덕목을 따르는 사람들이라면 고립된 개인으로서는 경험할 수 없는 상호 존중의 힘과 정서적 성취감을 발견할 수 있을 것이다. 내 개인적 견해로 볼 때, 공동체주의는 신뢰나 책임감과 같은 개념에 매우 의심스러운 요구를 한다. 공동체주의는 공동체가 가진 힘의 근원이 단결이라고 부당하게 강조하며, 공동체에 갈등이 일어나면 사회적 결속이 위협받는다고 잘못된 공포심을 조장한다.

무엇이 공동체를 서로 결속하게 하는가에 대한 보다 현실적인 의견은 루이스 코저의 고전적 에세이 《사회적 갈등의 기능*The Functions of Social Conflict*》[6]에 나타나 있다. 코저에 따르면, 사람들은 구두상의 합의보다는 갈등으로 더욱 잘 결속한다. 노동 협상이나 외교 협상을 진행하면서 종종 발생하는 것처럼 갈등을 겪으면 의사소통에 더욱 심혈을 기울이게 되고, 점차 기본적인 계약의 규칙이 양쪽을 결속한다. 비록 양편이 결국에는 합의에 이르지만, 그 의견 차이는 종종 더 날카로워지고 더 분명하게 된다고 코저는 확신한다. 즉, 사람들이 어떻게 상대의 말을 들어야 하며 의견 차이가 심하더라도 서로가 어떻게 대응해야 하는지를 배워가는 갈등의 시기를 거치면서, 하나의 공동체가 정착된다는 것이다.

공동체에서 '우리'에 대한 이러한 견해는, 현대의 공동체주의나 가정의 가치에 대한 리코의 변함없는 선언에서 나타나는 것과 같이 공동의 가치들의 종종 피상적인 공유보다는 훨씬 더 깊이가 있다. 내적인 갈등을 통해 이루어진 결속은 오늘날 경제적 혼란에 대응하는 일반적인 반응이라는 방어적인 차원에서 공동체적 연대 의식을 선언하는 것과는 다소 거리가 있다. 코저에 따르면, 의견 차이가 그 안에서 인정되어야만 비로소 공동체로 여길 수 있다. 예를 들어, 팀워크는 특권이나 권력 차를 인정하지 않기 때문에 공동체적 구조의 측면에서는 허약하다고 할 수 있다. 작업 팀의 구성원 전원은 공동의 동기들을 함께 공유한다고 가정되며, 그러한 가정은 진정한 커뮤니케이션을 상대적으로 약화할 수밖에 없다. 사람들 사이의 강한 결속은 시간의 경과 속에서 구성원들 사이의 차이에 주목하고, 처리하고 있다는 의미다. 리코는 이러한 종류의 공동체를 경험할 수 있는 곳에서 보낸 시간이 너무 적다.

살만 루슈디와 같은 포스트모던 자아관은 토막 난 자아 사이의 손쉬운 커뮤니케이션보다는 그 자아들 사이의 결렬과 갈등의 측면을 강조한다. 공동체를 과정으로 보는 견해는 '신중한 민주주의'에 대한 최근의 정치적 연구에서 더욱 많이 반영되고 있다. 특히 에이미 거트먼과 데니스 톰슨의 공동 연구를 보면, 의견 불일치를 나타내는 표현이 '올바른' 원리들을 선언하는 것보다 사람들을 더 결속시키는 역할을 한다.[7] 사회 심리학에서 공동체의 갈등 과정은 인지적 부조화와 시선의 집중을 반영한다. 공동체에서 시선의 집중은 여러 사람과 공유되는 것이다. 공동체에 대한 이러한 견해 속에는 일상에 대한 공격과 공감에 대한 찬사를 표명한 애덤 스미스의 이론이 묘하게 투영되어 있다. 일상은 반복적인 행동이고, 따라서 역사가 없으며 진화도 없다. 그리고 스미스가 말하는 공감이란 갑작스럽게 표출되는 감정이지만 즉흥적으로 생기는 것이 아니라 오랜 저항과 인식 오류를 거친 사람이 다른 어떤 사람을 이해하면서 표출되는 것이다.

공동체를 시간 속에서 전개되는 과정으로 이해하는 것은 (비록 랭글리 제지 공장에서 특별히 갈등 상황이 많지는 않았지만) 디드로의 《백과전서》에도 나타난다. 시간-리듬에 대한 디드로의 견해는 후에 습관의 전개에 관한 앤서니 기든스의 저작에서 더욱 강화되어, 점진적인 진화 과정을 문명화된 형태의 변화라고 강조되기에 이른다. 갈등론적 입장에 서 있는 사회학자들은 지속된 말의 갈등이 문명화되지 않은 것이라는 견해에 동조하지 않는다. 오히려 정반대로 그 갈등이 공동체 내에서 불평등한 힘과 다른 이해를 지닌 사람들 사이에서 결속을 위한 더욱 현실적인 기틀을 형성하고 있다고 본다.

이러한 이유 때문에 현재의 유연한 체계는 바로 그러한 언어적 갈등을 짧어진 공동체에 영감을 불어넣어야 한다. 갈등이 야기한 시간의 단절, 사회 조직의 해체로 인하여 사람들은 그들의 의견 차이를 팀워크라는 피상적인 협력보다는 개개인의 의견 표현과 협상을 통해 해결해야만 한다. 할리 샤이켄과 로리 그레이엄의 연구에 의하면, 상사들이 대결을 피하려고 할지라도 하급자들은 대결을 추구한다.

물론 책임을 면할 힘을 지닌 사람들은 의견 차이를 억누르는 방법도 알고 있다. 그들은 알베르트 허쉬만이 말하는 장기근속 근로자들에게서 나타나는 이른바 '목소리'의 힘을 진압할 때 그 방법을 사용한다. 또한 경험의 목소리를 나이가 많다고 몰아세우고, 만사를 과거의 방식과 결부한다고 부정해버린다. 그런데 왜 아직도 사람들은 목소리를 높이고자 하는 열망을 버리지 못하는 것일까? 왜 그들은 자신의 손해를 감수해가면서까지 반론을 제기하고 심사숙고하려는 것일까? 이들의 결연한 의지를 단순히 어떤 제도에 대한 반대라든지, 아니면 어떤 제도에 대한 충성심이라는 의미로 제한할 수는 없다. 외치는 사람보다는 당하는 사람이 더 많다. 신자유주의와 기꺼이 대결하고자 하는 공동체를 상상하려면, 인간성의 문제도 고려해야 한다.

IBM 프로그래머들이 내가 만난 사람 중 가장 강한 인간성의 소유자로 보인 것은 이러한 이유 때문이다. 그들은 자신의 실패와 무능력에 책임감을 느끼고 있었다. 그 책임감은 그들에게 강한 힘을 주었다. 또한 그들의 경험에 대한 이야기 틀을 제공해주었다. 도대체 그들은 어떤 종류의 일관성을 얻어냈을까?

몇몇 프랑스 철학자들은 자아의 유지maintien de soi와 자아에 대한 충실constance à soi을 구별하여 개별자의 소속 상태를 정의하려 했다. 자아의 유지란 시간의 흐름에 상관없이 자신의 주체성을 유지하는 것이고, 자아에 대한 충실이란 자신의 결점에 대해 스스로에게 솔직해지는 미덕을 지니는 것이다.[8] 자아의 유지는 환경이 변하고 경험이 쌓이면서 그 활동이 변화한다. 자아에 대한 충실은 자신의 결점에 대해 솔직한 것과 같이, 나이와 장소에 상관없이 본질적으로 일관된 것이다.

에마뉘엘 레비나스는 다른 사람에게 책임감을 느껴야 한다는 점에서 자아에 대한 충실이 하나의 사회적 차원을 가지고 있다는 점을 분명히 하고자 했다. 이것은 매우 단순하면서도 복잡한 개념이다. 자신의 가치는 다른 사람이 내게 의지할 수 있는가 없는가에 따라 인식된다는 주장은 단순하지만, 내가 나 자신을 잘 모르고 또 나 자신의 정체성 의식이 흩어지고 혼란스럽더라도 나는 책임감 있게 행동해야 한다는 부분은 복합적이다.[9] 이것은 레비나스에게는 전혀 추상적이지 않다. 2차 세계대전 중에, 그는 수천 명의 프랑스 국적 유대인 동료들이 나치와 비시 정부의 박해에 대항해 서로 의지하면서 투쟁하는 것을 목격했다. 그 이전에 그들 대부분은 유대인이라는 공통의 정체성을 그렇게 강하게 인식하지 않았다.

책임감과 인간성의 자아-유지에 관한 레비나스의 생각은 다시 철학자 폴 리쾨르에 의해 더 정교하게 다듬어진다.

> 누군가가 내게 기대하고 있기 때문에, 나는 다른 사람 앞에서 내 행동에 책임을 지게 된다.[10]

아무리 어떤 사람의 인생이 엉터리 같다 해도, 그 사람의 말에는 기대할 수 있어야만 한다. 그러나 리쾨르는 우리가 행하고 말하는 모든 것을 목격한 자가 있다고 계속 상상함으로써, 더구나 이 목격자는 수동적인 관찰자가 아니라 우리에게 기대하려는 누군가라고 상상함으로써, 이러한 표준을 지킬 수 있다고 논증한다. 남다른 사람의 기대를 받는 사람이 되기 위해서 우리는 자기 자신이 필요한 사람이라고 느껴야 한다. 또 우리가 스스로를 필요하다고 느끼기 위해서는 다른 사람들이 나를 필요로 해야만 한다.

'누가 나를 필요로 하겠는가?'라는 질문은 현대 자본주의에서 급진적인 도전으로 고통받는 인간성에 대한 질문이다. 이 체제는 무관심을 확산시키고 있다. 모험과 보상 사이에 아무런 연관도 없는 승자가 독식하는 시장에서와 마찬가지로 인간 투쟁의 소산물에서도 그렇다. 신뢰가 없더라도 큰 문제 없이 잘 굴러가는 현대의 경제 체제에서, 즉 신뢰를 필요로 할 만한 이유가 전혀 없는 그런 곳에서는 무관심이 확산된다. 그리고 사람들이 일회용품처럼 취급받는 조직의 구조 조정을 통해서도 무관심이 확산된다. 그러한 관행들은 인간으로서의 중요성, 즉 남에게 필요한 존재라는 의미를 명백하고도 잔혹하게 감소시킨다.

자본주의는 늘 무관심했다고 말할 수 있다. 그러나 언제나 똑같은 식은 아니었다. 과거 계급에 기초한 자본주의에서 무관심은 물질적인 색채가 강했다. 반면 유연한 자본주의에서 확산되는 무관심은 더 개인적이다. 왜냐하면 체계 자체가 덜 선명하고 형식의 측면에서도 이해하기가 다소 힘들기 때문이다. 엔리코는 자신이 서 있던 자리를 파악하고 있었다. 과거 그리스인 제빵사들도 무엇이 참이고 거짓인지, 누가 친구고 적인지 분명히 구분할 수 있는 내면의 그림을 지니고 있었다. 혼란을 허위의식의 한 종류라고 여기게 된 것은 마르크스주의의 습관 때문이다. 지금 우리 상황에서는 이것이 현실을 정확하게 반영한 것이다. 따라서 오늘날 '이 사회에서 누가 나를 필요로 하는가?'라는 질문에 대한 해답을 찾는 데 개인적으로 혼란이 일어나는 것이다.

책임 의식의 결여는 필요하지 않은 존재라는 감정에 대한 논리적 반응이다. 이것은 중년의 노동자들을 감원하는 노동 시장과 같은 유연한 직업 사회에서도 그대로 적용된다. 또 네트워크와 팀이 인간성을 약화한다. 호라티우스가 처음 설명한 대로 인간성에는 세계와의 현실적인 연결이 필요하며, 사람들은 남들에게 필요한 존재가

되고 싶어 한다. 혹은 다시 말해서, 가령 ATT의 간부처럼 상대편이 '우리 모두는 시간과 장소의 희생물이다'라고 선언해버리면 공동체의 갈등 상황에 어떻게 개입해야 할지 난감해진다. 상대방은 잃는 것이지만, 노동자 입장에서는 버림받는 것이다. 상호 이해 부족을 인정하면서 조성되는 다른 사람들과의 진정한 유대 관계는 공동체주의와 도덕적 보호주의로 더 희미해졌다. 공유하는 가치에 대한 분명한 긍정과 얄팍한 공동체의 '우리'라는 팀워크에 의해 희미해졌다.

철학자 한스 게오르그 가다머는 "우리 자아는 그 자신을 소유하지 못한다. 자아란 오히려 생성되는 것이라고 말할 수 있다"고 했다. 자아는 시간의 사건들과 역사의 조각들에 종속되어 있다는 것이다. 따라서 그는 "개인의 자아의식은 역사적 삶의 폐쇄 회로에서 찾을 수 있는 하나의 깜빡거림일 뿐이다"라고 선언했다.[11] 이것은 현대 자본주의에서의 인간성 문제를 보여준다. 역사는 있되, 어려움을 공유한 이야기는 없고, 함께한 운명도 없다. 이러한 상황에서 인간성은 점차 파괴되어간다. '누가 날 필요로 하겠는가?'라는 질문에 즉각 정답을 낼 수 있는 것은 아니다. 리버 윈드 카페의 탁자에 둘러앉은 프로그래머들은 분명히 서로가 서로를 필요로 했다는 것 이상의 답변은 할 수 없을 것이다.

나는 다보스의 유연한 영역에서 활동하는 지도층 인사들의 연설을 듣고 한 가지 사실을 직관할 수 있었다. '우리'라는 말은 그들에게도 역시 위험한 대명사라는 것이다. 그들은 기업체가 혼란을 겪는 와중에도 편안하게 안주하지만, 조직된 대결을 두려워한다. 그들은 노조의 부활을 두려워하면서도, 그들만의 전문 용어로 '뒤처지는' 사람들에 대해 논의하지 않을 수 없을 때는 내심 고통스러움과 불편함을 느끼며 서로 눈이 마주치면 당황하거나 모른 척한다. 그들은 유연한 체계 속에서 땀 흘려온 많은 근로자가 뒤처지고 있다는 것을 알고, 또한 안타깝게 여긴다. 그럼에도 그들이 찬사를 보내는 유연성은 일반인들이 살아갈 방향을 보여주지 못하며, 그럴 수도 없다. 새로 자리 잡은 주인들은 사람들이 통행하는 곧게 뚫린 길이라는 어원적 의미의 직업을 거부하며, 영구적이고 일관적인 길들은 이제 낯선 영역이 되어버렸다.

산악 도시 다보스의 도로에 늘어선 리무진들과 경찰의 행렬을 뚫고 회의장을 드나들면서, 나는 이러한 체제는 적어도 그 산 아래 사는 사람들의 상상력과 감성에 대한 지배력만큼은 놓치고 있다고 생각했다. 또한 내 가족이 겪어온 쓰라리고 변화무쌍한 과거를 통해서 깨달은 사실은 변화는 땅에서, 집단적인 봉기를 통해서라기보다는 개인들 사이에서 심리적 필요에 의해 말로 터져 나오리라는 것이다. 그러한 개인들의 심리적 필요를 충족할 수 있는 정치적인 프로그램이 무엇인지 나는 잘 모른다. 다만 나는 우리가 왜 인간적으로 서로를 보살피며 살아야 하는지에 관한 소중한 이유를 제시해주지 못하는 체제라면, 자신의 정통성을 오래 보존하지는 못할 것이라고 생각한다.

〔통계표 1〕 분야별 고용 현황(1979년~2005년 전망치)

분야	고용인 수(1천 명)			연성장률(%)	
연도	1979	1992	2005 (전망치)	1979~1992	1992~2005 (전망치)
전체	101,363	121,093	147,484	1.4	1.5
제조업	21,040	18,040	17,523	-1.2	-0.2
금융·보험·부동산	4,975	6,571	7,969	2.2	1.5
인력 용역 서비스	508	1,649	2,581	9.5	3.5
컴퓨터 및 정보 처리	271	831	1,626	9.0	5.3
연방 정부	2,773	2,969	2,815	0.5	-0.4
주정부 및 지방 관서	13,174	15,683	19,206	1.4	1.6

출처: U. S. Bureau of the Census, Statistical Abstrac of the United States: 1995(Washington/D.C., 1995), p. 417.

〔통계표 2〕 OECD 국가의 수입 불균형과 실업률(1980년~1995년)

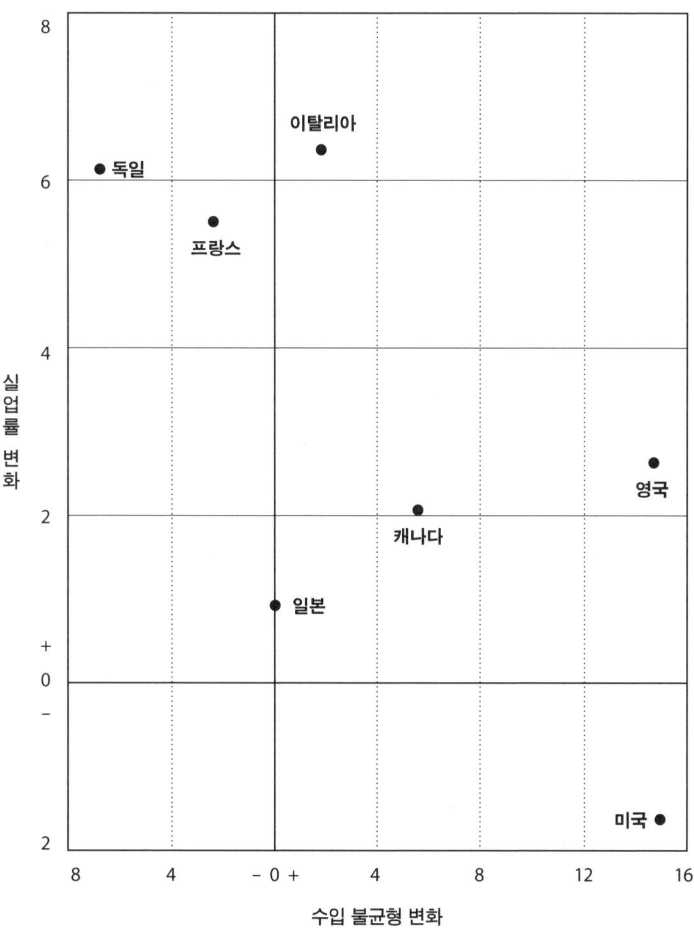

출처: OECD 발표.

〔통계표 3〕 선진 5개국 생산성 증가율(1950년~1986년, 단위: %)

기간	프랑스	독일	일본	영국	미국
고용인 대비 GDP 성장률(%)					
1950~73	4.55	4.99	7.21	2.53	1.96
1973~79	2.65	2.78	2.87	1.30	0.03
1979~86	1.85	1.58	2.72	1.71	0.82
전체 경제 영역의 시간당 GDP 성장률(%)					
1950~73	5.01	5.83	7.41	3.15	2.44
1973~79	3.83	3.91	3.40	2.18	0.80
1979~86	3.24	1.88	3.06	2.95	1.09
제조업 분야의 시간당 GDP 성장률(%)					
1950~73	5.93	6.31	9.48	3.25	2.62
1973~79	4.90	4.22	5.39	0.83	1.37
1979~86	3.50	2.78	5.47	4.28	3.10

출처: Martin Neil Baily and Margaret M. Blair, "Productivity and American Management", in: Robert E. Litan, Robert Z. Lawrence and Charles L. Schultze, eds., *American Living Standards: Threats and Challanges*(Washington/D.C., Brookings Institute, 1988), p. 180.

〔통계표 4〕 미국 노동조합 가입 현황(1940년~1993년)

연도	노동자 수 (1천명)	노조원 수 (1천명)	비율(%)
1940	32,376	8,717	26.9
1945	40,394	14,322	35.5
1950	45,222	14,267	31.5
1955	50,675	16,802	33.2
1960	54,234	17,049	31.4
1965	60,815	17,299	28.4
1970	70,920	19,381	27.3
1975	76,945	19,611	25.5
1980	90,564	19,843	21.9
1985	94,521	16,996	18.0
1990	103,905	16,740	16.1
1991	102,786	16,568	16.1
1992	103,688	16,390	15.8
1993	105,067	16,598	15.8

※ 농업 분야 제외.

출처: *The World Almanac and the Book of Facts*, 1995(Mahwah, N. J.: 1995), p. 154.

〔통계표 5〕 노동 인구의 성·연령 비율과 시간제 노동 비율(단위: %)

	1969		1979		1989	
연령	전체 인구 중 비율	시간제 비율	전체 인구 중 비율	시간제 비율	전체 인구 중 비율	시간제 비율
남녀 전체 16~21	12.8	40.6	14.0	41.7	10.3	46.3
여성 22~24	17.3	22.7	23.1	22.5	27.7	21.9
여성 45~64	13.2	22.5	11.3	24.4	11.6	23.8
남성 22~24	53.2	3.7	48.9	4.8	47.8	6.7
남성 전체 65 이상	3.5	41.0	2.7	52.9	2.6	52.4
총계	100	15.5	100	17.6	100	18.1

※ 비농업 분야 노동자만 포함.

출처: Chris Tilly, "Short Hours, Short Shrift: The Causes and Consequences of Part-Time Employment", in: Virginia L. duRivage, eds., *New Policies for the Part-Time and Contingent Workforce*(Armonk, N. J.: M. E. Sharpe, 1992), p.27.

〔통계표 6〕 노동 시간 형태(1991년)

구분	전체 고용인 (1천명)	노동 형태(%)					
		규칙적 근무		불규칙 근무			
		전체	유연 노동	전체	저녁	밤	로테이션
전체	80,452	81.8	15.1	17.8	5.1	3.7	3.4
성별							
남성	46,308	79.5	15.5	20.2	5.4	4.2	4.0
여성	34,145	85.0	14.5	14.6	4.6	2.9	2.6
인종							
백인	68,795	82.6	15.5	17.1	4.6	3.4	3.3
흑인	8,943	76.0	12.1	23.3	8.4	5.6	4.7
라틴계	6,598	80.3	10.6	19.1	6.4	4.6	2.7
고용 형태별							
관리직·전문직	22,630	89.6	22.1	10.0	1.6	1.4	1.8
기술 영업·행정직	24,116	85.9	17.7	13.8	3.5	2.4	2.7
서비스직	8,389	57.1	10.5	42.5	14.7	8.7	7.9
제조업	13,541	73.4	7.3	26.2	8.6	6.8	4.8

출처: U. S. Bureau of the Census, *Statistical Abstract of the United States: 1995*(Washington /D.C., 1995), p. 410.

〔통계표 7〕 사무직 중 컴퓨터 사용자(1993년)

범주	컴퓨터 사용자 (1천명)	분야별 비율(%)						
		회계 업무	서류 작성	커뮤니 케이션	분석/ 재무 회계	데이터 뱅크	데스크톱 출판	판매 및 텔레 마케팅
성별								
남성	24,414	41.1	45.2	39.4	35.2	25.3	18.1	40.7
여성	26,692	31.6	44.8	38.1	33.8	19.6	14.5	47.8
인종별								
백인	43,020	37.2	45.8	39.3	35.2	23.0	16.7	45.9
흑인	4,016	27.5	38.3	37.3	31.2	16.8	12.9	35.5
라틴계	2,492	29.1	45.6	32.1	27.6	18.7	16.0	33.6
기타	1,578	39.7	39.4	37.2	33.5	22.6	10.2	44.5
교육 정도								
중졸 이하	1,190	19.1	54.4	20.4	22.2	9.9	20.6	16.0
고졸	13,307	23.7	52.5	29.4	25.8	13.3	17.6	30.8
연수 자격	11,548	33.5	49.5	38.5	33.9	20.6	18.0	40.9
초급대 졸	5,274	37.5	47.0	39.7	34.7	21.7	14.9	41.6
대졸	13,162	46.9	40.0	45.1	41.5	28.8	17.0	54.8
대학원 졸	4,628	47.9	29.3	48.5	41.9	35.3	10.4	63.8
박사 이상	1,999	42.8	27.9	45.9	39.2	28.3	5.2	66.5

※ 한 사람이 여러 업무 분야별 중복 응답 포함.

출처: U. S. Bureau of the Census, *Statistical Abstract of the United States: 1995*(Washington/D.C., 1995), p. 410.

〔통계표 8〕 근로자의 전직 후 3년까지의 임금 현황(1980년대)

임금 수입	비율(%)
전직 후 실업 상태	27
직전 수입의 80% 이하	24
직전 수입의 80~94%	10
직전 수입의 95~104%	11
직전 수입의 105~120%	10
직전 수입의 120% 이상	18
전체	100

출처: Congressional Budget Office, *Displaced Workers: Trends in the 1980s and Implications for the Future*(Washington/D.C.: Congress of the United States, 1990), p. Ⅶ.

〔통계표 9〕 고용과 교육 정도(1990년/2005년 전망치)

	1990(%)	2005(%)	차이(%)
1. 대졸 학력을 요구하지 않는 일자리	81.0	78.1	-2.9
2. 대졸 학력이 요구되는 일자리	19.0	21.9	2.9
2a. 대졸 학력 중 특정 분야 지정			
지도·행정·관리직	5.5	6.2	0.7
전문직	9.6	10.8	1.2
기술직	1.0	1.4	0.4
영업 및 관리직	1.8	2.3	0.5
기타	0.9	1.1	0.2
전체 고용인(1천 명)	122,573	147,191	

출처: Bureau of Labor statistics, *Monthly Labor Review*, 115:7(July, 1995), p. 15.

〔통계표 10〕 통계표 4와 비교/
공공 및 민간 분야 노동조합 가입 현황(1983년~1994년)

분야/연도	1983	1985	1990	1994
가입자 수(1천 명)				
공공 분야	5,737.2	5,743.1	6,485.0	7,091.0
민간 분야	11,980.2	11,253.0	10,254.8	9,649.4
비율(%)				
공공 분야	36.7	35.7	36.5	38.7
민간 분야	16.5	14.3	11.9	10.8

출처: U. S. Bureau of the Census, *Statistical Abstract of the United States: 1995*(Washington/D.C., 1995), p.443.

미주

표류

1 *New York Times*, Feb. 13, 1996, p. D1, p. D6에서 인용.

2 맨파워Manpower라는 용역 회사는 1985년부터 1995년까지 10년간 무려 240퍼센트 성장했다. 1997년 현재 이 회사의 유급 직원은 60만 명으로 미국에서 직원 수가 가장 많다. 같은 시점 세계 최대의 자동차 회사인 제너럴 모터스의 직원은 40만 명, 세계 최대 컴퓨터 회사인 IBM의 직원은 35만 명으로 집계됐다.

3 James Champy, *Re-engineering Management*(New York: HarperBusiness, 1995) p. 119, pp. 39~40.

4 Walter Powell and Laurel Smith-Doerr, "Networks and Economic Life", in Neil Smelser and Richard Swedberg, eds., *The Handbook of Economic Sociology*(Princeton: Princeton University Press, 1944), p. 381.

5 위와 같은 곳.

6 Mark Granovetter, "The Strength of Weak Ties", *American Journal of Sociology 78*(1973), 1360~1380.

7 John Kotter, *The New Rules*(New York: Dutton, 1995) , p. 81, p. 159.

8 Anthony Sampson, *Company Man*(New York: Random House, 1995), pp. 226~227.

9 Ray Pahl, *After Success: Fin de Siècle Anxiety and Identity*(Cambridge, U.K.: Polity Press, 1995), pp. 163-164.

일상

1 이 삽화들의 스토리는 18세기에 일상적으로 출판되던 잡동사니와 관련이 있다. 디드로와 그의 공저자인 달랑베르는 이 중 많은 삽화를 리무르와 같은 전 시대의 예술가들이나 파트와 같은 동시대인들에게서 차용했다. 이에 대해서는 John Lough, *The Encyclopédie*(New York: McKay, 1971), 85~90쪽 참조.

2 Herbert Applebaum, *The Concept of Work*(Albany: State University of New York Press, 1992), p.340.

3 같은 책, 379쪽.

4 Adam Smith, *The Wealth of Nations*(1776; London: Methuen, 1961), I: 109~112.(《국부론 상·하》, 김수행 옮김, 비봉출판사, 2007)

5 같은 책, I: 353쪽.

6 같은 책, I: 302~303쪽.

7 Thomas Jefferson, *Writings*, ed. Merrill D. Peterson(New York: Library of America, 1984), p. 346.

8 James Madison, "Memorial and Remonstrance Against Religious Assessments", quoted in Marvin Meyers, ed., *The Mind of the Founder*, rev. ed.(Hanover, N.H.: University Press of New England, 1981), p. 7.

9 Barbara Adam, *Time and Social Theory*(Philadelphia: Temple University Press, 1990), 112~ 113쪽에서 이에 대한 탁월한 논의를 참조.

10 Edward Thompson, "Time, Work-Discipline, and Industrial Capitalism", *Past and Present 36*(1967), p. 61.

11 Stephen Meyer, *The Five Dollar Day: Labor Management and Social*

Control in the Ford Motor Company 1908~1921(Albany: State University of New York Press, 1981), p. 12.

12 David Montgomery, *Worker's Control in America: Studies in the History of Work Technology and Labor Struggles*(Cambridge, U.K.: Cambridge University Press, 1979), p. 118.

13 Frederik W. Taylor, *The Principles of Scientific Management*(New York: W. W. Norton, 1967).(《과학적 관리법》, 방영호 옮김, 21세기북스, 2010)

14 David F. Novel, *Forces of Production: A Social History of industrial Automation*(New York: Alfred A. Knopf, 1984), p. 37.

15 Daniel Bell, "Works and Its Discontents", in Bell, *The End of Ideology*, repr.(Cambridge, Mass: Harvard University Press, 1988), p. 230.(《이데올로기의 종언》, 이상두 옮김, 종합출판범우, 2015)

16 Max Weber, *Economy and Society*, Vol. 2, ed. Guenther Roth and Claus Wittich(Berkeley: University of California Press, 1978), p. 1156.

17 Daniel Bell, 235쪽.

18 같은 책, 233쪽.

19 Anthony Giddens, *The Constitution of Society: Outline of a Theory of Structuration*(Cambridge, U.K.: Polity Press, 1984)(《사회구성론》, 황명주·정희태·권진현 옮김, 간디서원, 2012) 참조.

유연성

1 John Locke, *Essay Concerning Human Understanding*, ed. A. C. Fraser(New York: Dover, 1959), I: 458~459; David Hume, *A Treatise of Human Nature*, in *The Philosophy of David Hume*, ed. V. C. Chappell(New York: Modern Library, 1963), p. 176.(《인간오성론》, 이재한 옮김, 다락원, 2009;《인간이란 무엇인가》, 김성숙 옮김, 동서문화사, 2016)

2 Edmund Leach, "Two Essays Concerning the Symbolic Representation of Time", in Leach, *Rethinking Anthropology*(London: Athlone, 1968),

124~136쪽 참조.

3 Michael Hammer and James Champy, *Re-engineering the Corporation* (New York: Harper Business, 1993), p. 48.(《리엔지니어링 기업혁명》, 안중호 옮김, 김영사, 1993)

4 Eric K. Clemons, "Using Scenario Analysis to Manage the Strategic Risks of Reengineering, *Sloan Management Review*, 36:4(Summer 1995), p. 62.

5 Scott Lash and John Urry, *The End of Organized Capitalism*(Madison: University of Wisconsin Press, 1987), 196~231쪽 참조.

6 두 결과는 Eileen Applebaum and Rosemary Batt, *The New American Workplace*(Ithaca N.Y.: Cornell University Press, 1993), 23쪽에 보고되어 있다.

7 Bennett Harrison, *Lean and Mean*(New York: Basic Books, 1994), pp. 72~73.

8 Michael J. Piore and Charles F. Sabel, *The Second Industrial Divide: Possibilities for Prosperity*(New York: Basic Books, 1984), p. 17.

9 Deborah Morales, *Flexible Production: Restructuring of the International Automobile Industry*(Cambridge, U.K.: Polity Press, 1994), p. 6.

10 Michel Albert, *Capitalism Against Capitalism*, translated by Paul Haviland(London: Whurr, 1993).

11 Rood Lubbers, "Globalization and the Third Way", paper presented to the Bertelsmann Foundation Forum on Democracy, Oct. 1997.

12 Simon Head, "The New, Ruthless Economy", *New York Review of Books*, Feb. 29, 1996, p. 47. 나는 수입 불평등에 관한 명쾌한 설명을 이 뛰어난 에세이에 신세 지고 있다.

13 Paul Krugman, "The Right, The Rich, and the Facts", *American Prospect* 11(Fall 1992), pp. 19~31.

14 *Economist*, Nov. 5, 1994. p. 19.

15 Alan Greenspan, *Wall Street Journal*, July 20, 1995; Robert Reich,

"The Revolt of the Anxious Class", a speech given to the Democratic Leadership Council, Nov. 22, 1994, P. 3.

16 "Making Companies Efficient", *Economist*, Dec. 21, 1996, p. 97.

17 Bennett Harrison, p. 47.

18 고용 현황에 관한 자료는 Manuel Castells, *The Network Society*, Vol. 1(Oxford, U.K.: Blackwell, 1997), 162~ 163쪽에서 인용. 성과 수입에 관한 자료는 Council on Work Conference 1997에서 발표한 David Card, "Trends in the Level of Inequality of Wages and Incomes in the United States"에서 참조.

19 Lotte Bailyn, *Breaking the Mold: Men, Women, and Time in the New Workplace*(New York : Free Press, 1993) 참조.

20 Genevieve Capowski, "The Joy of Flex", *Management Review*(American Management Association), March 1996, 12~18쪽 참조.

21 Jeremy Rifkin, *The End of Work*(New York: Putnam, 1995)(《노동의 종말》, 이영호 옮김, 민음사, 2005).

이해 불가능성

1 Katherine Newman, "School, Skill, and Human Capital in the Low Wage World", Council on Work Conference에서 발표된 논문.

2 Stanley Aronowitz and William DiFazio, *The Jobless Future*(Minneapolis: University of Minnesota, 1994), p. 110.

3 Sherry Turkle, *Life on the Screen*(New York: Simon & Schuster, 1995), p. 64, p. 281.

4 Sherry Turkle, "Seeing Through Computers", *American Prospect*, 31(March-April 1997), 81쪽에서 인용.

5 같은 책, 82쪽.

리스크

1 Ulrich Beck, *Risk Society*, translated by Mark Ritter(London: Sage, 1992), p. 19.(《울리히 벡》, 홍성태 옮김, 새물결, 2006)

2 Robert Johansen and Rob Swigart, *Upsizing the Individual in the Downsized Organization*(Reading, Mass.: Addison-Wesley, 1994), 137쪽 참조.

3 Richard Sennett, *The Fall of Public Man*(New York: Knopf, 1977), p. 81.

4 Peter Bernstein, *Against the Gods: The Remarkable Story of Risk*(New York: Wiley, 1996), 119쪽에서 인용.

5 John Maynard Keynes, *A Treatise on Probability*(London: Macmillian, 1921), pp. 3~4.

6 Amos Tversky, "The Psychology of Risk", in William Sharpe, ed., *Quantifying the Market Risk Premium Phenomen for Investment Decision Making*(Charlottesville: Institute of Chartered Financial Analysts, 1990), p. 75.

7 Daniel Kahneman and Amos Tversky, "Prospect Theory: An Analysis of Decision under Risk", *Econometrica* 47:2(1979), 263~291쪽 참조.

8 Peter Bernstein, p. 272.

9 Ronald Burt, *Structural Holes: The Social Structure of Competition* (Cambridge, Mass.: Harvard University Press, 1992). 이와 대조되는 연구로는 James Coleman, "Social Capital in the Creation of Human Capital", *American Journal of Sociology* 94(1988), pp. 95~120.

10 Manuel Castells, *The Network Society*, 1(Oxford: Blackwell, 1996), pp. 219 ~220.

11 Scott Lash and John Urry 참조.

12 Rosabeth Moss Kantor, *When Giants Dance*(New York: Simon & Schuster, 1989) 참조.

13 Bureau of Labor Statistics, *Monthly Labor Review* 115:7(July 1992), p. 7.

14 *New York Times*, Feb. 16, 1997,〔national edition〕, section 3, 10쪽에서 인용.

15 Felix Rohatyn, "Requiem for a Democrat", Wake Forest University에서 1995년 3월 7일에 행한 강연.

16 Michael Young, *Meritocracy*(London: Penguin, 1971) 참조.

17 Robert Frank and Phillip Cook, *The Winner-Take-All Society*(New York: Free Press, 1995) 참조.

18 같은 책, 101쪽.

19 Adam Smith, p. 107, p. 109.

20 Gregory Bateson, *Steps to an Ecology of Mind*(San Francisco: Chandler, 1972); Leon Festinger, *Conflict, Decision and Dissonance*(Stanford, Calif.: Stanford University Press, 1967); Richard Sennett, *The Use of Disorder*(New York: Knopf, 1970)(《무질서의 효용》, 유강은 옮김, 다시봄, 2014)를 참조.

21 Anne Marie Guillemard, "Travailleurs vieillissants et marché du travail en Europe", in *Travail et emploi*, Sept. 1993, 60~79쪽 참조. 여기에 인용된 수치와 통계에 대해 마누엘 카스텔에게 감사한다.

22 Manuel Castells, p. 443.

23 Katherine Newman, *Falling from Grace*(New York: Free Press, 1988), p. 70.

24 같은 책, 65쪽.

25 Albert Hirschmann, *Exit, Voice, Loyalty*(Cambridge, Mass.: Harvard University Press, 1970) 참조.

26 Jon Clarke, Ian McLoughlin, Howard Rose, and Robin King, *The Process of Technological Change*(Cambridge, U.K.: Cambridge University Press, 1988) 참조.

27 *The Downsizing of America*(New York : Times Book, 1996), pp. 7~8.

노동 윤리

1 Oscar Wilde, *The Picture of Dorian Gray*(London: Penguin, 1984), p. 6.(《도리언 그레이의 초상》, 임종기 옮김, 문예출판사, 2025)

2 Hesiodos, *Works and Days,* translated by A. N. Athanassakis(Baltimore: Johns Hopkins, 1983), lines 410~413.(《신통기》, 김원익 옮김, 민음사, 2003. 민음사 번역본은《신통기》와《노동과 나날》이 함께 번역된 책)

3 Hesiodos, *Works and Days*, lines 176~178, M. I. Finley, *The Ancient Economy*, 2nd ed.(London: Hogarth Press, 1985), 81쪽에서 인용.

4 Vergilius, *Georgica*, 1.318 이하, 나의 번역.

5 같은 책, 2.497 이하.

6 Pico della Mirandola, *Oration on the Dignity of Man*, translated by Charles Glenn Wallis(New York: Bobbs-Merrill, 1965), p. 6.(《인간의 존엄성에 관한 연설》, 경세원, 2009)

7 같은 책, 5쪽.

8 같은 책, 24쪽.

9 St. Augustine and Bishop Tyndale. Stephan Greenblatt, *Renaissance Self-Fashioning*(Chicago: University of Chicago Press, 1980), 2쪽에서 재인용.

10 루터에 대한 나의 이해는 Jaroslav Pelikan, *Reformation of Church and Dogma*, vol. 4 of *The Christian Tradition*(Chicago: University of Chicago Press, 1984) 중 특히 127~167쪽에서 인용.

11 같은 책, 131쪽.

12 Michael Foucault, *Discipline and Punish*, translated by Alan Sheridan(New York: Pan-theon, 1977)(《감시와 처벌》, 오생근 옮김, 나남출판, 2020) 참조.

13 미국 노동부, *What Work Requires of Schools: A SCANS Report for America 2000*(Washing-ton. D.C.: 1991).

14 Charles N. Darrah, *Learning and Work: An Exploration in Industrial Ethnography*(New York: Garland Publishing, 1996), p. 27.

15 같은 책.

16 Laurie Graham, *On the Line at Subaru-Isuzu*(Ithaca, N.Y.: Cornell University Press, 1995), p. 108.

17 같은 책, 106쪽 이하.

18 Gideon Kunda, *Engineering Culture: Control and Commitment in a High-Tech Corporation*(Philadelphia: Temple University Press, 1992), p. 156.

19 Charles N. Darrah, p. 167.

20 Laurie Graham, p. 116.

21 Eileen Applebaum and Rosemary Batt, *The New American Workplace*(Ithaca, N.Y.: Cornell University Press, 1994), p. 22.

22 Michael Hammer and James Champy, p. 65.

23 *New York Times*, Feb. 13, 1996, p. D1, p. D6

24 Harley Shaiken, *Work Transformed: Automation and Labor in the Computer Age*(New York: Henry Holt, 1985), p. 82.

25 Richard Rorty, *Contingency, Irony, and Solidarity*(Cambridge, U.K.' Cambridge Uni-versity Press, 1989), pp. 73~74.(《리처드 로티, 우연성·아이러니·연대성》, 이유선 옮김, 커뮤니케이션 북스, 2016)

26 같은 책.

27 같은 책, 91쪽.

실패

1 Walter Lippmann, *Drift and Mastery*(New York: Mitchell Kennedy, 1914), p. xvi.

2 같은 책, 196쪽, 211쪽.

3 Henry James, *The American Scene*(Bloomington, Ind.: Indiana University Press, 1968) 참조.

4 Edward Thompson, *The Making of the English Working Class*(New

York: Vintage, 1978)(《영국 노동계급의 형성 상·하》, 나종일 외 옮김, 창비, 2000) 참조.

5 Olivier Zunz, *Making America Corporate*(New York : Oxford University Press, 1990).

6 Walter Lippmann, p. 267.

7 같은 책, 269쪽.

8 IBM에 관한 가장 일반적인 역사는 Paul Carrol, *Big Blues: The Unmaking of IBM*(New York: Crown Paperbacks, 1993) 참조.

9 Richard Thomas DeLamarter, *Big Blue: IBM's Use and Abuse of Power*(New York: Dodd, Mead, 1986), p. 3.

10 William Rodgers, *Think: A Biography of the Watsons and IBM*(New York: Stein and Day, 1969), p. 100.

11 William Sampson, *Company Man*(New York: Random House, 1995), p. 224.

12 같은 책, 256쪽.

13 *New York Times*, Feb. 13, 1996, pp. Dl, D6에서 인용.

14 Michael Foucault, *Résumé des cours*, 1970~ 1982(Paris: Julliard, 1989), p. 123. 나의 번역.

15 Jean-Jacques Rousseau, *The Confessions*, translated by J. H. Cohen(New York: Penguin, 1954), p. 26.(《고백록》, 이용철 옮김, 나남출판, 2012)

16 같은 책, 126쪽.

17 Johann Wolfgang von Goethe, *Poetry and Truth*, translated by R.O. Moon(Washington, D.C.: Public Affairs Press, 1949), p. 692.

18 Katherine Newman, *Falling from Grace: The Experience of Downward Mobility in the American Middle Class*(New York: Free Press, 1988), pp. 93~94.

19 Friedrich Nietzsche, *Thus Spoke Zarathustra*, translated by R. J. Hollingdale(London: Penguin, 1969), p. 163.(《차라투스트라는 이렇게 말했

다》, 황문수 옮김, 문예출판사, 2010)

20 Salman Rushdie, *Imaginary Homelands*(London: Granta Books, 1991), p. 12.

21 Zygmunt Bauman, *Postmodern Ethics*(Oxford: Blackwell, 1993); Mark Taylor, *Disfiguring*(Chicago: University of Chicago Press, 1993) 참조.

22 William Mitchell, *City of Bits*(Cambridge, Mass.: MIT Press, 1995), p. 28.(《비트의 도시》, 이희재 옮김, 김영사, 1999)

23 Sherry Turkle, *Life on the Screen*, p. 13.

24 Fredric Jameson, *PostModernism, or the Cultural Logic of Late Capitalism*(Chapel Hill: Duke University Press), p. 90.(《포스트모더니즘, 혹은 후기자본주의 문화 논리》, 임경규 옮김, 문학과지성사, 2022)

우리, 그 위험한 대명사

1 Saskia Sassen, *The Global City*(Princeton, N.J.: Princeton University Press, 1990) 참조.

2 John Bowlby, *Separation*(New York: Basic Books, 1973), p. 359.

3 Louis Dumont, *Homo Hierarchicus: The Caste System and Its Implications*, translated by Mark Sainsbury et al.(Chicago: University of Chicago Press, 1980); Takeo Doi, *The Anatomy of Dependence*, translated by John Bester (New York: Kodansha, 1973)(《아마에의 구조》, 이윤정 옮김, 한일 문화교류센터, 2001) 참조.

4 Jacques Savary, *Le parfait negotiant*(Paris, 1675: 1713), p. 1.

5 Robert de Montesquieu, *Esprit des Lois*, XX, I.(《법의 정신》, 이재형 옮김, 문예출판사, 2015)

6 Lewis Coser, *The Functions of Social Conflict*(New York: Free Press, 1976) 참조.

7 Amy Gutmann and Dennis Thompson, *Democracy and Disagreement* (Cambridge, Mass.: Harvard University Press, 1996) 참조.

8 장 마티노에 의해 제시된 이러한 특성들은 하이데거의 독자성Selb-Ständigkeit 개념에 기초하고 있다. Heidegger, *Being and Time*, translated by John MacQuarrie et al.(New York: Harper, 1967)(《존재와 시간》, 이기상 옮김, 까치, 1999), 351쪽 참조.

9 Emmanuel Levinas, *Otherwise Than Being*, translated by A. Lingis(The Hague: M. Nijhoff, 1874), pp. 180ff.(《존재와 달리 또는 존재성을 넘어》, 문성원 옮김, 그린비, 2021)

10 Paul Ricoeur, *Oneself as Another*, translated by K. Blarney(Chicago: University of Chicago Press, 1992), pp. 165~168.(《타자로서 자기 자신》, 김웅권 옮김, 동문선, 2006)

11 Hans-Georg Gadamer, *Philosophical Hermeneutics*, translated by David Linge(Berkeley: University of California Press, 1976), p. 55; Hans-George Gadamer, *Truth and Method*, translated by Garrett Barden and John Cumming(New York: Seabury Press, 1975), p. 245.(《진리와 방법 1, 2》, 임홍배 옮김, 문학동네, 2012)

옮긴이 조용

한국외국어대 영어과를 졸업했다. 〈문화일보〉 정치, 국제부 차장, 사회부장, 편집국 부국장, 논설위원 등 22년간 언론계에서 활동했다. 이후 강원도 정무부지사, 서울대 산학협력교수를 거쳐 지금은 동양대에서 행정지원처장으로 재직 중이다.

신자유주의와 인간성 파괴

1판 1쇄 발행 2002년 5월 25일
2판 1쇄 발행 2025년 4월 10일

지은이 리처드 세넷
옮긴이 조용
펴낸곳 (주)문예출판사
펴낸이 전준배

기획·편집 박해민 백수미 이효미
디자인 서혜진
영업·마케팅 하지승
경영관리 강단아 김영순

출판등록 2004. 02. 11. 제 2013-000357호
(1966. 12. 2. 제 1-134호)
주소 04001 서울특별시 마포구 월드컵북로 21
전화 02-393-5681
팩스 02-393-5685
홈페이지 www.moonye.com
블로그 blog.naver.com/imoonye
페이스북 www.facebook.com/moonyepublishing
이메일 info@moonye.com
ISBN 978-89-310-2474-6 03300

잘못 만든 책은 구입하신 서점에서 바꿔드립니다.

문예출판사® 상표등록 제 40-0833187호, 제 41-0200044호